気持ちよく

人が動く伝え方

大野晴己
株式会社はあもにい
代表取締役社長

フォレスト出版

はじめに

この本は書名タイトルのとおり、部下や同僚、チームメンバー、子どもに、抵抗なく気持ちよく動いてもらうための「伝え方」の本です。

パワハラ、モラハラなど、ハラスメントに対する意識が年々高まってきている昨今、多くの上司やチームリーダー、親御さんたちは、自分が「相手にこうしてほしい」と思うことをうまく伝えることに四苦八苦しています。

相手にやってほしいこと、伝えたいこと、言いたいことが、思いどおりに言えない、伝わらない――。

そのもどかしさは、個人の心理面はもちろん、組織や集団におけるマネジメントにおいても大きなダメージ、損失になるでしょう。例えば、企業であれば、収益をあげるために必要なノウハウやアドバイスを部下やチームメンバーに的確に伝えて、行動してもらわなければ、その企業はいずれ経営破綻してしまいます。

では、どうすればいいのでしょうか？
その答えを本書でお伝えしていきます。

本書の重要キーワードに「スピーチロック」という言葉があります。
これは、ひと言で言うと、「相手の行動を制限する言い方」。つまり、言葉の選び方、伝え方によって、相手の行動を制限し、心理的にも負荷をかける「言葉の拘束」をしてしまう可能性があります。

逆に言えば、「スピーチロック防止」を意識した言葉選び、伝え方ができれば、相手からの反発がなく、相手の行動を制限することもなく、望ましい行動に導くことができるわけです。

わかりやすい例を挙げると、２０１３年６月、サッカー日本代表がW杯出場を決めた当日、渋谷スクランブル交差点に押し寄せた熱狂的なサッカーファンに対して、交差点の指揮車上でマイクを握って安全誘導アナウンスを行なった「ＤＪポリス」の伝え方です。

詳しくは本編でお伝えしますが、「混乱を避け、安全を確保する」という望ましい行動に導くために、交差点に集まったサッカーファンに向けてスムーズに交通誘導した方法は、まさに「スピーチロック防止」を意識した伝え方と言えます。

少し自己紹介しますと、私は県域放送局退社後、教育会社を起業し、その間にコミュニティＦＭ局の開局準備から取締役を16年間兼任しながら、30年以上にわたって官公庁、企業等でヒューマンエラー、クレーム防止など年間５００回の研修・教育の現場に携わってきました。先ほどお伝えした「ＤＪポリス」のマニュアルの修正や加筆、ＤＪポリス研修を担当したことがあります。

採用、研修、人事評価策定などの人財育成から見えてきたことは、「人は、言葉選び、伝え方次第で、相手の受け止め方や行動を変えさせ、自分の印象も操作できる」ということです。言葉は、道具もお金も要りません。それは職場においても、ご家庭においても同じです。

本書では、次のような流れで、スピーチロック防止を意識した、言葉の選び方、伝え方をわかりやすくお伝えします。

第1章では、本書のキーワードである「スピーチロック」について解説します。

第2章では、あらゆる現場や組織で起こり得る「ヒューマンエラー」は、実は「スピーチロック」と深く関係していることを、事例を交えながらお伝えしていきます。

第3章は、「スピーチロックを引き起こす言葉と対処法」と題して、スピーチロック防止に役立つ言葉選びや対処法について解説します。

第4章は、シチュエーション別で「言葉」の言い換え方法や、ハラスメントにならない言い方、クレーマーへの対処法などを具体的な言葉事例を交えながら解説します。

第5章では、言葉以外の非言語コミュニケーションの重要性とその活用法をお伝えします。

AI時代だからこそ「人は財産であり、共に育む居場所づくり」を目指して、前向きな未来思考にしたいものです。本書が少しでもあなたのお役に立てたならば、これほどうれしいことはありません。

2025年1月

大野晴己

気持ちよく人が動く伝え方
CONTENTS

第2章 「スピーチロック」と「ヒューマンエラー」の深い関係

第3章 スピーチロックを引き起こす言葉と対処法

第4章

シチュエーション別「言葉」の言い換え

第5章

「非言語表現」を最大限活用する

装幀・装画◎河南祐介（FANTAGRAPH）
本文デザイン◎二神さやか
編集協力◎佐藤裕二、斉藤健太（ファミリーマガジン）
本文DTP◎株式会社キャップス

第1章

相手の行動を制限する「スピーチロック」とは？

言葉による拘束「スピーチロック」とは？

その言葉が、相手の行動と心理を制限している!?

皆さんは、**「スピーチロック」**という言葉を聞いたことがありますか？

スピーチロック（speech lock）とは、「言葉による拘束」。つまり、**言葉によって相手の行動を抑制し、心理面までも制限してしまう**ことです。

代表的なスピーチロックは、**「ちょっと待って！」**という言葉です。

もし、「ちょっと待って！」と言われた場合、多くの人はその場で「ちょっと待つ」

でしょう。

しかし「ちょっと」とはいつまでのことでしょうか？

このように、明確な期限が示されていない場合、言われたほうは「なぜ？」という不安な気持ちになります。このように、**言葉の使い方一つで相手の心に影響を与える**のがスピーチロックです。

例えば、「待ってください」と丁寧に頼まれたとしても、「なぜ待つのか？」が、わからない場合、あなたは、次第に「あれ？」と思うでしょう。そして、

- この場所で待つの？
- いつまで待つのかな？
- どうして待つの？
- 私だけが待つの？
- 待っている間、他の場所に行ってもいいのかな？

と、さまざまな疑問が浮かぶかもしれません。

このように、「ちょっと待って！」という言葉を投げかけられると、言われたほうはどうしたらいいのかわからなくなり、具体的に時間を教えてほしいと思うようになります。

もし、あなたが急に会社の人事部長から呼び出され、指定された場所で「ちょっと待ってて」と言われたら、「待ったあとに、何があるの？　何か大事なことかな？」と、緊張する人もいると思います。

つまり、「ちょっと待って！」という言葉は、言葉によってあなたの行動を抑制し、行動のみならず、あなたの心理的にも、何かしらの抑制をかける言葉なのです。

これが、スピーチロック（＝言葉による拘束）です。

「スピーチロック防止」の波は、介護からビジネス現場まで波及

このスピーチロックという言葉に、まだ耳慣れない方も多いかと思います。

実は、この言葉は2000年代に入ってから、**介護の現場で使われ始めた言葉**です。わが国で介護保険法が施行された2000年以降、介護現場における「身体拘束」は原則的に禁止になりました。そして、同年に厚生労働省が開催した「身体拘束ゼロ作戦推進会議」で発表された「身体拘束ゼロへの手引き」に初めて、スピーチロック（言葉による拘束）が記載されました。また、2024年から介護サービス事業所では、高齢者虐待防止の推進が完全に義務化され、スピーチロックも防止すべきものとなりました。スピーチロック防止義務化の波は、介護福祉や医療の現場に留まらず、児童虐待の観点から、**児童に対しても2023年から義務化**となり、**企業における「ハラスメント防止策」も義務化**されました。

すべての人々が「スピーチロック」に影響される可能性があります。つまり、誰もが起こしうる、起こされる可能性があるのが「スピーチロック」です。

典型的な「スピーチロック」の言葉

スピーチロックの代表的な事例は、冒頭にもお伝えした「ちょっと待って！」ですが、その他、私はこれまで約5万語にのぼるスピーチロックの言葉の調査やヒアリングを行なって分類し、その対象、要因、対処法を分析してきました。これらの言葉に中には、皆さんもさまざまな行動シーンで聞いたことがある、言われたことがある言葉や、また、そんなつもりはないのに、ついつい無意識で言ってしまったという言葉があるかもしれません。

ここで、介護福祉、医療現場における代表的なスピーチロックの言葉を挙げます。

◉第1位「ちょっと待って！」
◉第2位「動かないで！」
◉第3位「早くして！」

これらの言葉は施設や事業所における人手不足や、対人援助の煩雑さから生まれる「スピーチロック」です。スピーチロックの言葉第1位「ちょっと待って！」は冒頭で紹介したとおりなので、**第2位「動かないで！」**から解説していきます。

例えば、骨折した患者さんが、自分でトイレに行こうとした際、看護師が「動かないで！」と言うことがあります。

これは、看護師の立場からすれば、純粋に患者さんが怪我をしないように、あるいは病状が悪化しないようにという安全に配慮した言葉です。しかし、患者さんは、自分でトイレに行けるようになりたかったり、早く歩けるようになりたい気持ちから、自分ひとりで動いてしまうことがあります。しかし現実には介助が必要であることが多いのです。

そのため、患者さんの立場からすると、行動を制止される「スピーチロック」になってしまいます。この言葉によって、患者さんは、行動を制限されるだけでなく、「ちょっと動いただけで言われるのは、そのくらいダメなんだ！　自分の病状は悪いのか」「自由に動くことすらできないなんて！」と心理面も抑制されてしまうわけです。

このように、スピーチロックは、**行動を制限する以外に心理的にもさまざまなストレスを与える**のです。

スピーチロックの言葉の**第3位「早くして！」**は、時間のないときや、時間が決められているときに、介護職員が利用者に急いでほしいときに使ってしまう言葉です。デイケアの事業所では、送迎時間が決まっているので、ゆっくり歩かれたり、モタついてしまうと、ついつい「まだ？　早くして！」と言ってしまいます。

このように、自分の都合で相手にスピードアップを求める「早くして」という言葉は、**働く職場でも、子育て中の家庭でも存在する言葉**です。

これ以降、さまざまなシーンにおける対処法や適切な言葉についてお伝えしていきますが、「早くして」の場合であれば、相手の状況や理解度によって、時間に余裕をつくっておく**「余裕時間」**の設定をしてみてください。職場ならば、新人は理解するまで時間がかかりますし、子育ての場面においても、子どもには自分のペースがあるでしょう。「早くして」と言う前に、事前にゆとりをもった時間設定をしておくことが大切ですね。

サービス業で広がるスピーチロック防止対策

実はあなたの身近に「ちょっと待ってください」という言葉を、よく耳にする場所があります。それはどこでしょうか？　そう、飲食店です。

レストランや居酒屋などの飲食店に入店した際、店内が混雑していて、対応してくれた店員さんに**「少々お待ちください」**というひと言を言われた経験はないでしょうか。

これも実は、**お客様からすると、スピーチロックにあたる**かもしれません。

もし、店員さんから具体的に待ち時間を提示してくれて「10人の方がお待ちです」「20分くらいかかります」と伝えてもらえれば、それに合わせた心づもりができます。

ただし、時間が延長される場合もあります。20分経ったら必ずしも席が空くとは限らないからです。その間に待つのに疲れたお客様は、帰ってしまうかもしれません。

さらに待っている間、**お客様は自由な行動が制限されている**のですから、ささいなストレスが溜まる人もいます。

こうした事態を防ぐために、飲食店の中には、お客様に**整理券**を渡し、なおかつ「○番までは○分待ち」と明示した上で、その間はどこに行っても構いませんと自由な行動を保証しているところもあります。

また、飲食店以外でも「ちょっと待ってください」という言葉によるスピーチロックを防ぐために行なわれています。サービスエリアや病院などでは、**どこにいても呼び出せるポケットベル**を渡したり、**専用アプリを使った表示機能**を利用したりして、待ち時間のストレスを軽減しています。

スリーロック（3つの拘束）とは？

介護現場に起き得る3種類の拘束

相手の行動と心理面を拘束・抑制する事象を引き起こすのは、スピーチロックだけではありません。私たちが行なう相手への拘束には、大きく分けて以下の3つがあります。

①フィジカルロック（身体的拘束）
②ドラッグロック（薬物拘束）
③スピーチロック（言葉による拘束）

①フィジカルロック（身体的拘束）

フィジカルロック（身体的拘束）、は、身体を物理的に拘束し、相手の行動の自由を奪ってしまうことです。

例えば、ベッドの四方を柵で囲み、転倒防止することは身体拘束にあたります。また、ベッドの片側を壁につけて、患者さんが降りられないようにすることも、同じくフィジカルロック（身体拘束）にあたります。

②ドラッグロック（薬物拘束）

次に、ドラッグロック（薬物拘束）です。介護施設に入所している認知症の方が夜間や明け方に大きな声を出したり、徘徊したりしないように、睡眠導入剤や向精神薬を過剰に服用させたり、医師の指示がなされていない不適切な薬物の投与をしたりして、行動を落ち着かせることをドラックロック（薬物拘束）と言います。

③スピーチロック（言葉による拘束）

そして、今回、この本でお伝えするのが、3つ目のスピーチロック（言葉による拘束）です。**言葉によって相手の行動を身体的にも精神的にも制限や抑制する言葉を選び、声かけをすること**です。

これらスリーロック（3つの拘束）は、本人の心身に苦痛を与えるだけでなく、ご家族や患者さんにかかわる職員やスタッフにも大きな影響を与えます。

悪気がなく、無意識でやってしまう「スピーチロック」というリスク

さて、フィジカルロック、ドラッグロック、スピーチロックという3つの拘束の中で、フィジカルロックとドラッグロックは「道具や薬がなければできない」という共通点があります。

一方、**スピーチロックは、道具や薬がなくてもできてしまいます**。さらに、スピーチロックは**お金をかけずにできてしまう**ものです。

それゆえ、**スピーチロックは悪気がなくても、無意識のうちに、誰もが、誰にでもやってしまう可能性があります。**スピーチロックは知らず知らずのうちに簡単にできてしまうものなのです。

これこそが、スピーチロック（言葉の拘束）の危険性です。

ここで、先述した上位3つ以外にも、私たちが**日常的にやってしまいがちなスピーチロックの例**を挙げておきます。

◉何度言ったらわかるのか！
◉ぐずぐずするな
◉立ち上がらないで
◉汚いんだよ
◉同じことを何度も言わせないで
◉いい加減にして
◉ちゃんとして
◉さっき言ったでしょ

◉やったらダメでしょ
◉こっちに来るな
◉触るな、帰れ

いかがでしょうか？

これらすべてが相手の行動を抑制し、心理面までをも制限してしまうスピーチロックにあたります（それぞれの意味については、あとで詳しく説明します）。

その他、**差別、蔑視用語もスピーチロックにあたります**。放送禁止用語の例を掲載しておきます。

これらの言葉を悪気なく、無意識に相手の気持ちを考えずに、つい気軽に言ってしまっている人も多いのではないでしょうか。本書を読んで、ぜひ改善のきっかけとしていただけたら幸いです。

放送禁止用語（一部抜粋）

		使ってはいけない禁止言葉	言い換えの言葉
1	人格・人権を損なう言葉	部落	集落・地区
		特殊部落	同和地区
		人非人	ひとでなし
		興信所	調査機関
		特殊学級	特別支援学級、個別支援学級（2006年〜）
2	肉体的・精神的屈辱の言葉	めくら	視力障害者・目の不自由な人
		つんぼ	耳の不自由な人
		あきめくら	字の読めない人・文盲
		おし	口の不自由な人・聾者
		びっこ・ちんば・いざり	足の悪い人・足の不自由な人
		かたわ	身体障がい者、体の不自由な人
		がちゃ目・ロンパリ	斜視
		植物人間	植物状態人間
		片手落ち	※蔑視語ではないが誤解が生じやすい
		片親	ひとり親（2020年〜）
3	職業に関する蔑視の言葉	おわい屋・汲み取り屋	清掃員・作業員
		クズ屋・ゴミ屋	廃品回収業者・資源交換業
		産婆、助産婦	助産師
		おまわり	警察官
		婦警	女性警官
		芸人	芸能人
		百姓・どん百姓	農業従事者、農家の人
		土建屋	建設業者、土木技師
		町医者	開業医
		床屋・パーマ屋	理容師（業）　美容業（店）
		レントゲン技師	放射線技師
		共稼ぎ	共働き
4	特定の国・人種に対する蔑視の言葉	外人	外国人
		クロンボ	黒人
		アメ公	アメリカ人
		ロスケ	ロシア人
		ジャップ	日本人
		支那	中国人（支那料理⇒中華料理）（支那チク⇒メンマ）
		後進国・低開発国	開発（または発展）途上国
		老婆	高齢者
		裏日本・表日本	日本海側・太平洋側
5	隠語・俗語等の言葉	ほんぼし	真犯人
		シマ	なわばり
		おとしまえ	金銭のからんだ決着
		ずらかる	逃げる
		ブタ箱	留置場
		サツ	警察
		デカ	刑事
		ガサ	捜査
		ドヤ	犯人の隠れやすい場所
6	不快感を与える言葉	いちゃもんをつける	いいがかりをつける
		しりぬぐい	後始末
		父兄、父母	保護者
		不治の病	難病・治りにくい病気

日本民間放送連盟基準とNHK放送基準用語に基づき、コミュニティFM局FMおかざき2001年作成
策定者：大野晴己

スピーチロックに存在する4つの行動パターン

行動、静止、意識、無意識

さて、私たちがいかに無意識で気軽にスピーチロックを使ってしまっているのかが、少しご理解いただけたかと思います。ここでは、そのスピーチロックについて、さらに掘り下げていきます。実はスピーチロックは、4つの行動パターンに分類することができます。

次ページの図のように、スピーチロックを、縦軸と横軸で表す「マトリックス図」で捉えてみましょう。

スピーチロックの2軸

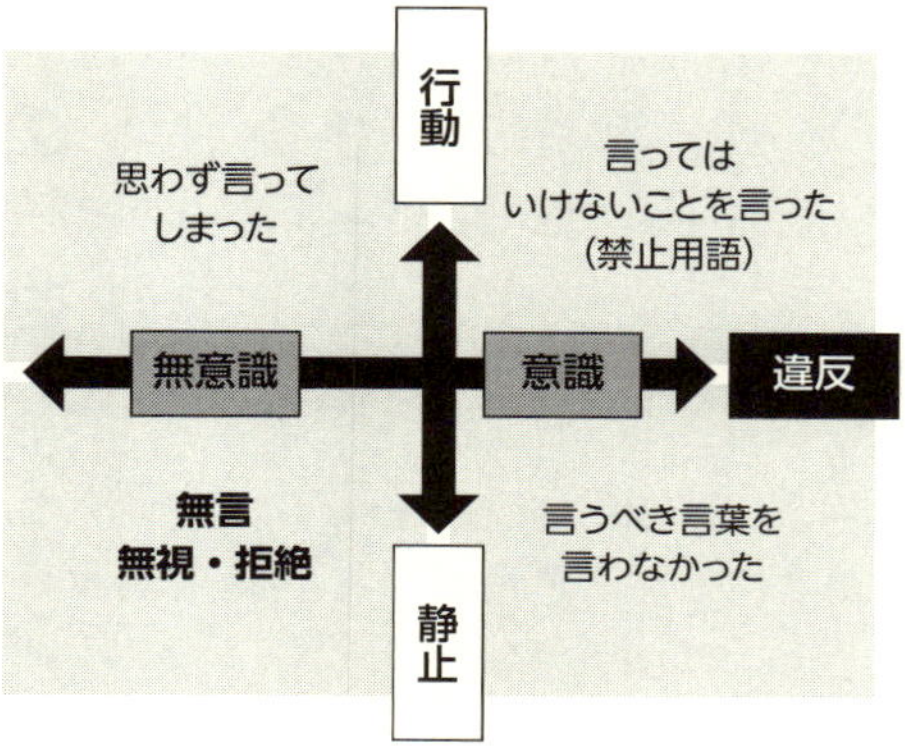

まず、縦軸を上が**「行動」**、下が**「静止」**という象限で分け、そして、横軸を右が**「意識」**、左が**「無意識」**という象限で分けます。これで、スピーチロックを4つの行動パターンに分けることができるようになります。

マトリックス図の左上は、「行動」で「無意識」ですから、スピーチロックになる発言を**「思わず言ってしまった」**というパターンが当てはまります。

そして、右上は「行動」で「意識」ですから、スピーチロックになる発言を言ってはいけないと知りつつ言ったということになります。これは、**「禁止用語」を言った**ということでもあります。

次に、左下は「静止」で「無意識」ですから、**「無言・無視・拒絶」といった非言語的なジェスチャーや態度によって、間接的にスピーチロック**をしてしまったというパターンです。

最後に、右下は「静止」で「意識」ですから、**「言うべきことを言わなかった」**、または**「わざと何かを言わなかった」**ことが、結果的にスピーチロックになってしまっているというパターンです。

「スピーチロックの４パターン」の具体例

一つひとつ、具体的なシチュエーションを例に出しながら見ていきましょう。

①「行動」＆「無意識」

そんなつもりで言ったのではないが、ついつい言ってしまったというパターンです。

例えば、会社で上司が部下の仕事の遅さにイライラして、**「早くしてくれ！」**と思わず言ってしまったり、上司自身が部下に対してできるであろうことができなかった部下に**「そんなこともわからないのか！」**と相手の理解度も考えず、無意識に言ってしまったりすることなどが挙げられます。

何度も言うなど、言い方にもよりますが、キツイ口調や声を荒げるなど感情を込めて言われると、言われた側の部下は心身ともに傷つきます。

このパターンでは、**その言葉がスピーチロックになることを知らずに、自分の感情が先走ってしまい、苛立ちや焦りからついつい言ってしまった**というケースが多いのです。これを読んでいるほとんどの方が経験したことがあるでしょう。

②「行動」＆「意識」

これは、スピーチロックになる言葉を故意に言ってしまったパターンです。例えば、**「グズグズするな」**という言葉が相手の行動と心理を抑制し、萎縮させることになるとわかっていて、わざと意図的に、言っているわけです。これがエスカレートすれば、立派なハラスメントになります。

スピーチロックは、**意識的に言えば言うほど、法に抵触するハラスメントになる**可能性があるため、「違反」に分類されます。

③「静止」＆「無意識」

相手に対して言葉を発することなく無言でいることも、スピーチロックと同等の影響をもたらしてしまうパターンです。例えば、**社内で部下が質問をしてきたときに、聞こえない場合や、無視するつもりはなくても、返事しなかった**というシチュエーションが挙げられます。この場合、上司は無意識であっても、上司から無視された部下は、ものすごくツラい気持ちになるでしょう。それだけでなく、その経験から、その部下はそれ以降、「もう、上司に質問をするのはやめよう」「質問しても教えてくれないから、自分でやってしまおう」「また間違えたら、今度も無視されるかもしれない」と、自分の行動にさまざまな制限をかけるようになります。このように、部下は行動においても、心理面においても、大きな抑制がかかってしまいます。

④「静止」＆「意識」

これは、相手の行動と心理に抑制を与えるとわかっていながら、意識的に何もしなかったというパターンです。例えば、会社で部下が何かの作業に従事しており、苦戦しているとします。しかし、上司であるあなたがその作業のうちの一部はそもそも不要であることを知っているのに、その情報を**わざと教えない**場合や、上司としての自分の業務が増えるため、**わざと言わない、わざと知らないふりをする**場合などがこれにあたります、これも、言葉を発しないという立派なスピーチロックになります。

なぜスピーチロックは起こるのか？

スピーチロックが起きる４つの原因

なぜ、私たちはスピーチロックをしてしまうのでしょうか？

ここでは、スピーチロックが起きる原因や要因について見ていきます。私は、これは医療、介護福祉業界だけではないと考え、対象を製造業、建設業にも拡げてアンケート調査を行ないました。その結果、スピーチロックが起きる原因は大きく分けて４つありました。

①心理的な原因から起きる。

②出すべき結果が決まっていると起きる。
③情報編集の能力によって起きる。
④頭と身体の状態が一致していないから起きる。

この4つの原因について詳しく解説していきます。

【原因①】心理的な原因から起きる

まず1つ目の「心理的な原因から起きる」とはどういうことでしょうか？

私たちはふだん生活をしていて、何でもないことや、本当ならば良いことであっても、心理的な状態によっては悪く捉えてしまうことがあります。また、言わなくてもいいことを、つい言ってしまうこともあります。これを**「肯定的側面の否認」**と呼びます。

例えば、あなたが誰かに何かをしてあげたあとで、**「やってあげたのに」**と思ってしまうことがありませんか？

このとき、「私はあなたにこれだけのことをしたのに、なぜあなたは早くしてくれないの？」と不満を覚えて、スピーチロックを言ってしまうことがあります。この場合、**自分の承認欲求をコントロールできず、相手をコントロールしよう**としてスピーチロックを言ってしまっているのです。

また、イライラしたり、焦ったりしていると、ついつい相手の行動を制限しようとして、**「どうせまた失敗するでしょ」「やってもムダ」**と言ってしまうこともありますし、相手から言われたことを根に持つタイプは、**「何度も迷惑をかけないで」「だからやらないでと言ったでしょ」**と相手の行動を制限する余分なひと言を言いがちになります。

その他にも、**自分と相手にレッテルを貼りがちな人、先入観を持ちやすい人**も、相手の言葉にカチンときて、スピーチロックを言うことがあります。

さらに、**規則やルールをつくりたがり、またそれを守るべきという強い信念を持っている人**も、相手にスピーチロックを言いやすくなる傾向があります。あなたの身近に「〜するべき」という言葉をふだんからよく使っている人がいたら、注意が必要です。

スピーチロックが起きる原因チェックシート

❶心理面から起きる

チェック欄	思い当たること
	何でもない事や良い事も、悪く捉えてしまうことがある
	「やってあげたのに」と思ってしまう自分がいる
	イライラしたり焦ることがある
	自分は、根に持つほうだと思う
	相手の言葉が頭にくる、カチンときたことがある
	「～するべき」という言葉をついつい使ってしまう
	心が落ち着かないことがある

❖Checkをしてみましょう❖

7 つのチェック項目から 4 つ以上思い当たる場合は、これが原因かも !?

このように、スピーチロックはさまざまな心理的な原因によって生まれます。自分の感情をコントロールするのが難しい人は、無意識かつ安易に、スピーチロックを使う傾向があります。

【原因②】出すべき結果が決まっていると起きやすい

２つ目の原因「出すべき結果が決まっていると起きる」とは、期限や納期などの時間の制限や営業目標など成果の制限がある場合です。例えば、編集者における原稿の**「締め切り」**や営業職における目標達成の**「ノルマ」**が挙げられます。

いつまでに結果を出さなければならないということが決まっていると、人はスピーチロックを言いやすくなります。先ほどの例における出版社の編集者の場合、締め切りが決まっていて、それに間に合わせられるかどうか不安なときや、時間がない、時間が足りないと焦っているときについ不安になり、その予防線から、相手に対してスピーチロックの言葉**「どうして、まだできないの」「のろのろするなって言ったよね」「いつになったらできるの？　できなかったらどう責任をとるんだよ」**と仕事仲間の行動を縛ってしまいがちです。

また、上司から「目標」や「成果」を定められて、それを必ず達成するように強く求められているときも、「どうせ、私は達成できません」「そう言われても、私には無理です」とスピーチロックが多発しやすくなります。

その他にも、**何度も繰り返し「いつまでにこれをやって」と迫られる**と、スピーチロックが連鎖しやすくなりますし、パニックになってスピーチロックを言いやすくなります。また、やるべき仕事が多すぎてパンクしそうになっているときにも、**「そばに来ないで」「うるさい！　黙ってて」**と相手の行動を無意識のうちに抑制するようなひと言を言ってしまうかもしれません。さらに、多忙な日常が続いた場合、「このくらいはいいじゃん」と自分の仕事を省略したり、すっとばしたりして、手抜きの近道行動を取ろうとする人もいます。

そういう人は、「やっても、やらなくても同じだ」と行動をやめてしまったり、そもそも考えることすらやめてしまい、まったく考えない思考停止状態になったりします。

上司の立場でも同様です。部下の仕事量の多さを考え、部下のことを思いやって言

スピーチロックが起きる原因チェックシート

❷出すべき結果が決まっていると起きる

チェック欄	思い当たること
	「時間がない」「時間が足りない」と思うことがある
	業務において、明確な成果を求められている
	いつまでにこれをやってと周囲から言われることが多い
	毎日、同じことが続くと刺激が欲しくなるほうだ
	予定以外にも余分な仕事が入ってくることが多い
	やるべき仕事が多すぎると感じている
	仕事は、やっても、やらなくても同じだと思うことがある

❖Checkをしてみましょう❖

7 つのチェック項目から 4 つ以上思い当たる場合は、これが原因かも !?

っているのかもしれませんが、**「それはやらなくていい」「それは考えなくていい」**といった言葉を言うと、結果的にはスピーチロックになってしまいます。

【原因③】情報編集の能力によって起きる

原因3つ目は、「情報の編集能力から起きる」です。人の考え方や意見、話題は情報です。インプットした情報をそのままアウトプットできる場面ばかりではありません。知識としていろいろな情報を入手したら、今起きている状態に合致させるために、見聞きをした情報を置き換える、言い換える必要があります。インプットとアウトプットだけでなく、**さまざまな情報を自分事に置き換えたり、相手の理解度から言い換えたりする編集能力**が、情報過多の時代では重要なのです。

この能力が足りないと、**「言われたとおりにやったの?」「マニュアルどおりにやればできていたんじゃないの?」「みんなできたのに、なぜあなただけできないの」**などのスピーチロックを言うことにつながります。

うまく情報収集をしたつもりでも、間違った知識や情報を得ていたり、正しい知識

スピーチロックが起きる原因チェックシート

❸情報編集の能力によって起きる

チェック欄	思い当たること
	情報収集をしても、知識として役立てていないと 思うことがある
	情報を、自分事や自社に置き換えたり、言い換えたり するのは苦手である
	書く・記述よりも、話す・口頭で伝えるほうが楽である
	相手へ助言するより、自分で行動したほうが早いと 思うことがある
	説明はできるが、相手を説得させるのは苦手である
	1+1=2と、規則や決まりがあるほうが仕事がしやすい
	常に正解は何か、1つに決める傾向がある

❖Checkをしてみましょう❖

7 つのチェック項目から 4 つ以上思い当たる場合は、これが原因かも !?

であっても、それを自分事に置き換えたり、組織に引用することができず、結局は、役に立てないことがあります。また、なかには、アウトプットが雑になることもありますし、インプットした情報を、結局のところ、その情報を活かせずにスピーチロックのような発言でアウトプットしてしまいがちです。

このように**アウトプットが苦手な人**は、何か問題が発生したときに、相手に助言するよりも**「自分で行動したほうが早い」**と判断し、**「やれないなら、私がやる」**と相手の役割を奪ったり、**「そんなこともできないの」「できないなら辞めたら」**と制限して、スピーチロックを言ってしまったりするのです。

また、情報編集能力が不足している人は、**説明はできても、説得が苦手であるという人**も多くいます。具体的な言葉を使い、他責にしないで自分事にすることが大切です。

【原因④】頭と身体の状態が一致していないから起きる

4つ目の原因は、「頭と身体の状態が一致していないから起きる」です。人間は、

スピーチロックが起きる原因チェックシート

❹頭と身体の状態が一致していないから起きる

チェック欄	思い当たること
	ひどく疲れている
	身体が重く、痛みを感じる箇所がある
	思っていた行動と違うことがある、あった
	「うっかりミス」をしがちである
	「このくらいならば」と思ってしまう、しまったことがある
	頭ではわかっているが、気持ちがついてこない
	考えずに言葉を発することがあると思う

❖Checkをしてみましょう❖

7つのチェック項目から4つ以上思い当たる場合は、これが原因かも!?

寝不足や残業が続いたりすると、ひどく疲れて、身体が重くなったり、痛みを感じたり、熱が出たりします。すると、思っていたことと違う行動を取ってしまうことがあります。いわゆる**「うっかりミス」**です。

頭ではわかっているのに、**あまりにも疲れすぎて、言ってはいけないことを言ったり、言わないでいい本音が出てしまったり**して、ついスピーチロックを使ってしまうことがあります。

自分の頭と身体の状態が不一致を起こしていることを自覚したら、その原因が何なのかを突き止めて、改善するようにしてください。

DJポリスがやっている「スピーチロック」を排した誘導術

群衆に素直に行動してもらうマニュアルに修正

皆さんは「DJポリス」をご存じでしょうか？

DJポリスとは、渋谷のハロウィンや、大きな花火大会などのイベントの際に、マイクロフォンや拡声器を使って群衆を安全に誘導する役割を担っている警察官で、正式名称は「警備現場広報」と言い、混雑緩和のために交通整理や人流への声かけをする警察官のことです。

私は、この**DJポリスのマニュアルを修正、加筆し、DJポリス研修を担当した**ことがあります。警察署長から感謝状をいただきました。

当時のマニュアルは、相手を抑制し行動制限する言葉が目につきました。これでは、群衆の人流を推進するのではなく、行動を制限する「スピーチロック」にあたると思いました。そこで、効果的な誘導ができるように、**群衆に行動してもらうためのマニュアルに修正**しました。

では、DJポリスと呼ばれる警察官が、どのように雑踏警備、交通渋滞の緩和や安全配備を行なっているのか、皆さんはご存じでしょうか？

テレビなどで報道されているのでご覧になったことがある人も多いかもしれませんが、世間一般に一気に広まったのは、2013年6月4日、サッカー日本代表がW杯出場を決めた日、渋谷スクランブル交差点には熱狂するサッカーファンが押しかけ、大混乱となったときです。

そのとき、交差点の指揮車上でマイクを握り、警視庁機動隊員が、次のように言葉による誘導を行ない、話題になりました。

「こんな良き日に怒りたくはありません。私たちはチームメイトです。どうか皆さん、チームメイトの言うことを聞いてください」
「怖い顔をしたお巡りさんは、皆さんが憎くてやっているわけではありません。心ではＷ杯出場を喜んでいるんです」

こうした誘導に、群衆からは喝采があがったそうです。そして、その日の渋谷ではケガ人も逮捕者も出なかったのです。これをきっかけに、マイクや拡声器で雑踏警備を巧みに誘導する警察官のことを「ＤＪポリス」と呼ぶようになりました。

スピーチロックを使わない
ＤＪポリスの雑踏警備マニュアルの中身

さて、当時、お預かりしたマニュアルを読んでみて、スピーチロックの言葉が目についたことは先に述べたとおりです。そのため、私は、ＤＪポリスのマニュアルから行動を制限する言葉を排除したり、「スピーチロック」の言葉を言い換えたりして使わないようにしました。

◆スピーチロックと感じた雑踏警備の例

「危ない！　止まらない！」
「そこ、聞こえないのか！」
「そこで止まるな、危ない！」

これでは、ただただ対象が不明確で、相手の行動を抑制し、心理面でも威圧していると思いました。そのため、**呼びかける対象を付け加え、人流がスムーズに動く誘導の言葉に言い換えました。**

また、**あまりキツイ命令口調の言葉だと群衆は行動を制限されるだけではなく、気分を害して、逆に警察官の言うことを聞こうとしなくなってしまう**と思いました。

ですので、なるべく、スピーチロックを使わない誘導ができたらと以下のように修正しました。

◆スピーチロックを排除して言い換えた花火大会の雑踏警備例

「A橋付近の人、聞こえますか？」

「橋の上で立ち止まると、ぶつかってしまう**かも**しれません」

「立ち止まると、転んでしまう**かも**しれません」

「安全第一です！」

「止まると危険ですから、歩いて、動いてください」


いかがでしょうか。

このように誘導することで、群衆は警察官の言うことを素直に聞いてくれるようになりました。

人流を促進させて行動してもらう、上手な誘導の言葉

実際に、私がＤＪポリス警察官の研修とマニュアルの修正改善した際の工夫点の一部を紹介します。私はスピーチロック防止を踏まえて、**雑踏警備における人流に対して気をつけたポイントを６つ**ご紹介します。

①対象に呼びかける

「Ａ橋付近で花火を楽しんでいる皆さん！」

②対象に再度、復唱し、低姿勢でお願いする

「Ａ橋付近ご通行中の皆様に**お願い**があります」

③安全にかかわること、強いメッセージを伝えるためには言い切る

「安全第一！」

④危険予知の「かもしれない」という仮定法を使う

「花火がキレイだなと思って急に立ち止まってしまうと、後ろの方がぶつかってしまう**かも**しれません」

⑤行動の肯定表現と終助詞「ね」を活用

「歩きながらでも花火を見ることはできます**ね**」

⑥誘因・共感の言葉を使う

「立ち止まらないで、歩きながら花火を**楽しみましょう**」

いかがでしょうか。

ここで使われているポイントは、雑踏警備に限ったことではなく、ふだんのコミュニケーションにも使えるものがたくさんあります。ぜひ参考にしてみてください。

第2章

「スピーチロック」と「ヒューマンエラー」の深い関係

ヒューマンエラーとスピーチロックはどのように関係しているのか？

どんなにAI技術が進んでも、ヒューマンエラーはなくならない

前章で、スピーチロックは相手に行動の制限をかけてしまう言葉だとお伝えしましたが、企業や事業所へ原因や要因について調査を進めていくと、無意識に「スピーチロック」を言ってしまった、忙しくて無意識に「スピーチロック」が、ついつい出てしまったなど、背景や要因が見えてきました。

これこそが、ヒューマンエラーです。

ここでは、スピーチロックとヒューマンエラーの密接な関係（相互連関性）を見て

いきます。

あなたは「ヒューマンエラー」という言葉を聞いたことがありますか。ヒューマンエラー（human error）とは、**人間が原因となって発生する「ミス・失敗」や「事故」の総称**です。

人間の行動には、大なり小なり何かしらの目的があります。しかし、その目的を達成しようとして行動していたとしても、自分がエラーを起こしたり、逆に相手がエラーを起こしたりする場合があり、必ずしも望んだとおりの結果につながるとは限りません。

それは、人間に起因するさまざまな要因によって、ミスや失敗、事故が起きてしまい、目的達成が阻害されてしまうからです。

例えば、あなたが会社で上司から、今日A社に訪問するように伝えられていたのに、うっかり明日の訪問と勘違いをしてしまったとします。先方からは「待っていたのに来ない」と連絡が入り、大切な商談を無にしてしまうことがあります。これは、人間の勘違いから生まれたミスで、ヒューマンエラーです。

人的ミスは、ゼロにはなりません。労働人口の減少で人手不足となった企業の多くは、人の代わりに機械を導入したり、自動化を進めたりしていますが、操作するのは人であり、保守メンテナンスをするのも人だからです。AI自動操作システムを導入した大手製造業でも、災害時などライフラインが遮断された際には、結局は人が対処することになりました。

ヒューマンエラーの種類

私は研究の中で製造、建設、医療、福祉介護の企業、施設にご協力をいただき、アンケート調査とヒアリングを重ねてきました（N値4832）。その結果、**5段階の危険レベルと15の行動エラー**のヒューマンエラーの種類がわかりました。

頻度は少なく、危険レベルも低いものをレベル1とし、レベル2、3、4、5と危険度に合わせレベルを上げました。それによって頻度は少ないものの、危険度は高まる行動パターンがわかりました。

ヒューマンエラーの種類

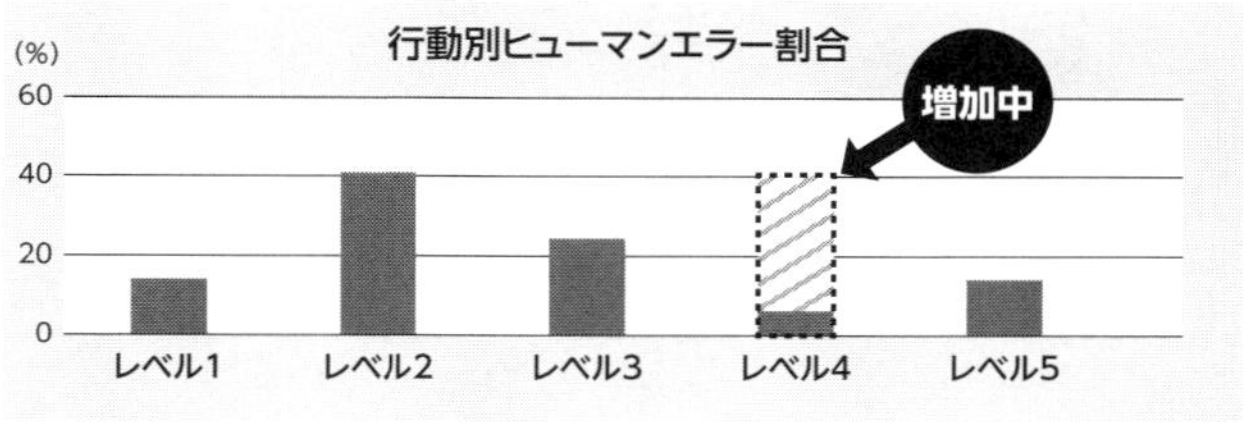

レベル1	14.13
レベル2	40.9
レベル3	24.42
レベル4	6.28
レベル5	14.27

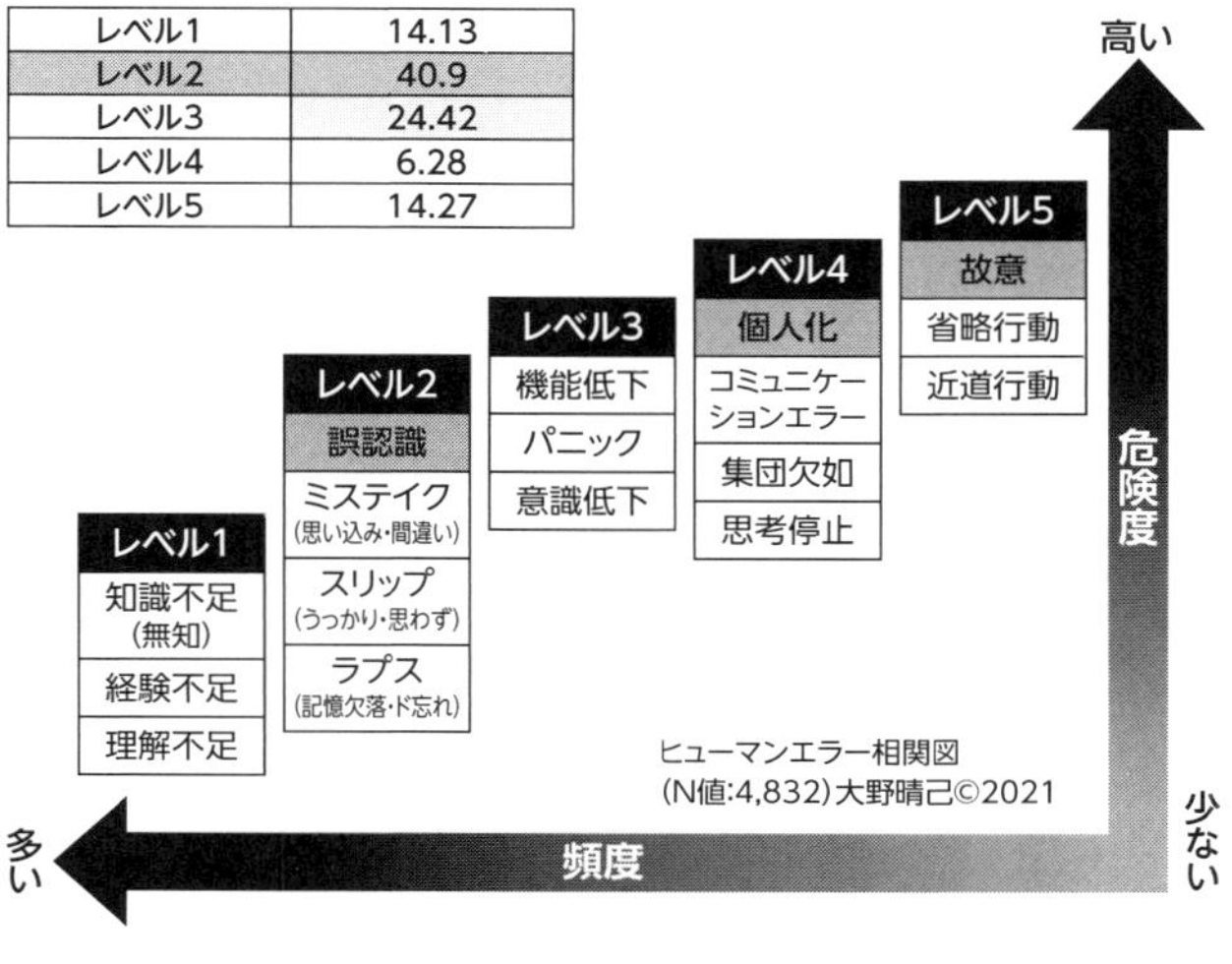

ヒューマンエラー相関図
(N値:4,832)大野晴己©2021

調査結果から一番多かったのは、**レベル2の「誤認識」**でした。単に誤認識といっても細分化すると**「スリップ」「ミステイク」「ラプス」**の3種類あります。

なお、ヒューマンエラーの種類については、安全工学と人間工学では領域によって分け方が若干異なりますが、筆者の調査結果から説明します。

改めて図をご覧ください。

横軸は**「頻度」**、縦軸は**「危険度」**となっています。右は**「頻度」**が左端が一番多く、右にいくと、頻度は減りますが、逆に**「危険度」**は上がるわけです。

レベル1から順に詳しく解説します。

【レベル1】3つの不足

レベル1の要因となるのは、3つの不足です。3つの不足とは**「知識不足」「経験不足」「理解不足」**を指します。知識、経験、理解が不足しているがゆえにヒューマンエラーが起こるわけです。

例えば、新入社員や初めてその業務に携わる人の場合、知らない、教えてもらっていないという「知識不足」によってエラーを起こすことがあります。頻度は、一番多く、反面、危険度は一番少なくなります。

「ヒューマンエラー」が起きる前には、次のような言葉が周囲から出ていることが調査結果からわかりました。皆さんはこんな言葉を言ったこと、または聞いたことはありませんか?

◆スピーチロック「レベル1：3つの不足」になりうる言葉例

・**知識不足**……「知りません、聞いていません、教わっていません」
・**経験不足**……「やったことがありません、慣れていません」
・**理解不足**……「理解できません、何を言っているのかわかりません」

レベル1のヒューマンエラーが起きる要因として考えられるのは、「伝えていない／教えていない」ことです。

◆要因

・伝える時間が足りなかった、忙しい状況にあった。
・伝えたつもりになっていた。
・必要事項は伝えたが、相手の記憶にはない。
・声が小さく、聞き取りにくくて相手に届いていない。
・言い間違いや、口ごもっていたりして理解できない。
・相手の話を聞くよりも、自分の話（説明）のほうが長い。
・自分の理解と相手の理解レベルが違う。
・日々のお互いの関係性ができていない。

◆対策

・事前に、相手に何を伝えるのかを箇条書きにして自分のために質問シートをつくる。
・伝える側（自分）のために話す順番をつける。
・大枠の目的や概要を伝えてから、詳細を伝える。

・相手の話すスピードに合わせる（ペーシング、ミラーリング）。
・相手の理解度を知り、相手の理解度に合わせる。
・大切なことは復唱をする。相手にも復唱してもらう。
・伝わったかどうかの確認をし、理解のレベルを再確認する。

このレベル1に関しては、基本的に、**「相手に教える／伝える」という「指導」**と、**相手の知識や理解度に合わせる「育成」**が必要です。スピーチロックにならないように、相手が理解できるまで情報を提供し、行動を提案してあげることで相手を導いていければ、対処できるようになります。

【レベル2】ヒューマンエラー「誤認識」

安全工学の研究調査でも、今回の調査結果でも一番多かったエラーでした。誤認識を細分化すると、1つ目は**ミステイク**（思い込み・間違い・決めつけ）、2つ目は**スリップ**（うっかり・思わず）、3つ目は**ラプス**（記憶欠落・ど忘れ）です。ヒューマンエラーと聞いて真っ先に思い浮かべるのが、このレベルのものではないでしょうか。

①ミステイク（思い込み・決めつけ）

ミステイクは計画段階での失敗によるエラー（考え違い）ですので、事前の準備や段取りで防げます。計画段階から以下のような言葉を見聞きした場合、スピーチロックが起きるかもしれません。

- **思い込み**……「～だと思います」「確かに見ました。聞きました」「たぶん書いてあったと思います」
- **決めつけ**……「決まっている。決められているはず！」「前にも言ったでしょ！」「たぶんそう言うと思った」「それは絶対～すべきだ。～であるべきだ」「言わなくても僕にはわかる」

②スリップ（うっかり・思わず）

スリップは、ミステイクと異なり、計画自体は正しいが、実行の段階で失敗してしまった場合です。誰でも起きる、起こされるエラーですが、以下のような言葉を見聞きしていたら、事前にエラーを防ぐことができますし、個人の特性も把握できて、周囲の人がサポートできる場合も多いものです。

・うっかり……「うっかりしていました」「ボーッとしてました」「そんなつもりはありません」

・思わず……「ついつい、やってしまいました」「思わず、言ってしまいました」

③ラプス（記憶欠落・ど忘れ）

ラプスは実行段階での「抜け」によるエラーです。手順忘れ、気持ちの焦りから起きます。計画自体は正しかった。けれども、実行の段階で「抜け」が起きて失敗してしまったエラーです。これも以下のような言葉を見聞きした場合は、自分を含めて、再確認や周囲に応援を頼む、サポートをしてもらうことが大切です。

・忘れる（忘却・記憶の欠落）……「そうでしたか？」「覚えていません」「私って、

忘れっぽいから……」「忘れ物が多いって言われるんです」

・**覚えていない（記憶の欠落、抜け、ど忘れ）**……「やったかどうか覚えていません」「本当に私ですか？」「言われた記憶がありません」「そんなことありましたか？」

レベル2のヒューマンエラーは、その人の個人特性ですので、その個人に合わせて**「段取りを一緒に考える」「特別な講習期間を用意する」**などの対応をすることが望ましいでしょう。

個人の特性は、なかなか介入するのが難しいと思われるかもしれませんが、ただ放置するのではなく、その人が同じヒューマンエラーを起こさないようにするための工夫をしてあげてください。

また、忘れやすい人がいる場合は、**その人の発言を記録**に取っておいたり、**対面による口頭のやりとりだけでなく、メールでのやりとりを残しておいたりする**ことで、「物忘れ」を防ぐといった方法も有効です。

【レベル3】ヒューマンエラー「機能低下、意識低下、パニック」

度重なる加重労働などから身体的に生じた「体の不調」や「眠気」が機能低下や意識低下にあたります。また心理面でも心に疲労感を感じると、胃が痛くなったり、閉塞感を感じて心に壁ができるなど、機能低下によって心身ともに反応が出ます。

また、**意識低下は、スピーチロックに関係性が最も深く、モチベーション維持ができなくなります**。その一因として一番多いのが、言葉による行動制限や言葉による心理的な拘束です。

パニックを引き起こし周囲が気づくような大声を出したり、感情の乱れを起こしたりする人もいますが、逆に、その人の心の中で戦っており、外からは見えず、その人の心の中でしかわからないという**サイレントパニック**もあります。これらは自律神経などの体調面での不調が原因で起きます。自分自身で気づき、対処することが第一ですが、周囲の人も気づいてサポートするなど、職場改善を組織として行なうことも必要になっています。

【レベル4】ヒューマンエラー「個人化、コミュニケーションエラー、集団欠如、思考停止」

個人が集団の中で浮いたり孤立したりすることで、意思の疎通がうまくいかなくなったことで起こるエラーを指します。

コロナ禍でリモートワークやオンライン会議などが浸透したことで、利便性はよくなりましたが、対話をする人と人との距離が開いてしまい、それによるエラーが増加傾向にあります。

まずは、**自身が自律的に行動すること、相手の立場に敬意を払う、配慮ができる言葉を選ぶことが求められます**。そして、**周囲の人間も相手にわかるように言葉を足したり、具体的な言葉に変える**ようにしてください。また、「ビジネスＬＩＮＥグループ」をつくってコミュニケーションを取るようにする、組織でメンター制度をつくり、先輩が新人のサポートやアドバイスができるようにするなどの対処策を取るのもいいでしょう。

できるだけ自発的に行動、声かけをし、相手に対しても肯定的な言葉を選び、関係性をより良くして、**人と人とがふだんからコミュニケーションを取れる環境づくり**をするようにしましょう。

個人化が強くなると、人とのかかわりを避け始め、行動が止まります。行動が止まると考えることをやめてしまうなど、思考停止のエラーが起こります。

これは、**「何も考えたくない、考えられない」状態**です。この状態になると、パニックになる人もいますが、「ま、いいか！ 誰かがやってくれる」という依存の気持ちが強くなる人もおり、その結果、無言というスピーチロックが発生するのです。

【レベル5】ヒューマンエラー「故意、省略・近道行動」

頻度は少ないですが、最も危険度が高いのが、レベル5のヒューマンエラーであり、**故意、省略行動、近道行動**の3つが該当します。

「故意」は、わざとやる、面倒くさいからわざとやらない、わざと言う、わざと言わないなどを指し、**無意識ではなく、意識より上の意図的に行動する**場合です。スピーチロックこそ、まさにこれです。

わざと相手の行動を制限する言葉を使ったり、腹が立ったからと仕返しに言ったりするわけです。そもそもの問題として、**「知っていてやっている」「わかっているけどやらない」**という故意はエラーではないという認識を持っていらっしゃる方も多くいます。

また、「省略行動」「近道行動」とは、通常なら取るべきプロセスを**「まぁ、大丈夫だろう」「このくらいは自分でもできる」「やらなくても何とかなる」**とタカをくくって省略してしまう行動を言います。「そんなことはしない」と言われる方が大半ですが、言葉を言い換えてみましょう。

これは**「確認不足」**です。再度、復唱したり、再確認として見るダブルチェックという行動を省いたりしていないでしょうか。確認を怠るということは、手抜き、すっとばしです。私は、製造業の不具合報告書を仕事柄、よく目にします。そこに記載されている大半が**「そんなつもりはなかった」「このようなことが二度とないように再発防止に努めます」**と書かれています。顧客メーカーに提出する報告書に「そんなつもりは……」と書いてあると、どのようなつもりで、そのような言葉を使うのか疑問です。

また「二度とこのようなことがないように再発防止に努めます」と書かれても、顧客メーカーとしては、二度とあっては困るし、再発防止の前に未然防止対策をどのようにしているかが知りたいわけです。起きたあとの対応の応急対策や是正措置はもちろんですが、先を見る眼がほしいのです。

個人の場合は、相手がどうして故意にやったのか理由を聞くことが必要ですが、ともすると犯人捜しで終わってしまうところもあります。誰がやった、誰が連絡しなかったのかなど、特定の人物を犯人に仕立てると、正直、一件落着が早いのですが、2030年までに1000万人の労働人口が減少すると言われる今、問題が起こるたびに犯人を吊し上げていては、働く人はいなくなってしまいます。

必要なのは、組織で原因や要因を追求することであり、くれぐれも犯人を捜すような追及はやめてください。

具体的な、対処策としては**「指示・命令」**を与えたり、**介入したりする**ことが望ましいですが、指示・命令すること自体がスピーチロックになってしまう可能性がありうるので、**段階に分けて、作業手順などにやるべき行動を記載**したり、**プロセスを重**

視し、段階ごとに分けて行動レベルをアップしていくなどの対処をしてみてください。

もちろん、場合によっては介入が必要になることがありますが、問題が起きるリスクが減ったなと判断できたら、その介入をだんだん緩めていき、最終的には権限を委譲できるところまで持っていきましょう。


ヒューマンエラーが起きるかもしれないからといって、いつまでも介入をしていては、連続性になり、それがスピーチロックになってしまう恐れがあるので、最終的には介入をやめても問題ない状態に持っていくことが理想です。

レベル5のヒューマンエラーを引き起こす人のタイプ

ちなみに、61ページの図を見ていただければわかりますが、レベル5は頻度が少ないとはいえ、割合としてはかなり高くなっています。

レベル5のヒューマンエラーを起こす人には、ものづくり業界では、ベテランが多

人とのかかわりにおいての
介入の段階レベルとその影響力

影響力	介入レベル	内容
8	命令	即時、行動し実行させる。言いつけること。禁止も含む
7	指示	物事の指し示し。与えることから行動し実行させること
6	要求	必要で当然なこと、相手にも考える余地を与える
5	主張	自分の意見や持論を他にも認めさせようと主張を通す
4	意見	自分の考えや見解を述べる
3	提案	内容に沿った考えや意見を述べる
2	尊重	相手の意見や考え方に同調、共感する
1	委任	完全に任せる

いということが調査でわかっています。**ベテランほど慣れから、故意、省略行動、近道行動を起こしやすい**のです。自分はベテランだからという「過度な自信」「根拠を確認しない自信」からこのようなヒューマンエラーを起こしてしまうようです。

逆に、**若者世代の調査結果にも「わざと仕事をしない」「責任をとれないので言わない」という行動が目立ちます。**例えば、上司から言われてはいないけれども、本当はやっておいたほうがいいことがあっても、**わかっていてもやらない**という行動です。あるいは、上司に質問したら、こちらの質問の2倍、3倍の仕事が増える、言い返される答えが倍返しになるから、聞いているだけで時間がかかるので聞くべきことを聞かずに済ませてしまう、これも「故意」です。

このように、故意による行動も、ヒューマンエラーの1つです。時代は変わっても、先に述べたように、**人手確保と人材育成が必須の時代ゆえに、過度なサポートから思考停止になり、依存心が強くなり、かえって無関心な若者世代による故意も目立つ**ようになりました。

基本的には、ヒューマンエラーは、本人は気づかない、わからないなどの無意識から起こる、相手から引き起こされるミスや失敗ということを覚えておいてください。

ヒューマンエラーの境界線

それでは、ヒューマンエラーにならないケースとはどんなものなのでしょうか。例えば、あなたが会社でマニュアルを渡されて、そのマニュアルどおりの手順で作業をした結果、とんでもない事故が起きてしまったとします。あなたは、マニュアルに記載された手順を守って作業したのにもかかわらず、です。

これはヒューマンエラーでしょうか？

このケースはそうとは言い難いでしょう。ミスが起きた際、安易に人的ミスのヒューマンエラーと考えず、さまざまな要因を調べてください。**マニュアル作成時による間違い**や、あるいは**機械の故障などの不具合**のように、**人間以外の要因**によっても、ミスが引き起こされている可能性もあるからです。調査を進めていく中で、マニュアルの記載内容に原因があった場合は、そのマニュアルを作成した人や状況に起因する可能性はあります。

もし事故が起きた際、意図した行動による、つまり、先ほどの故意によって引き起こされたミスや事故ならば、ヒューマンエラーとは言えず、**「違反」**ということになります。

なぜなら、**わざとミスや事故を発生させて、会社に何らかの損害を与えようとした**場合には、それは法律に基づく「違反」、つまり犯罪行為かもしれないからです。特に「違反」は、あってはならないことです。

「ヒューマンエラー」と「スピーチロック」の密接な関係

企業において、大きな損失を生みかねないヒューマンエラーですが、実はスピーチロックと密接にかかわっています。

端的に言えば、**ヒューマンエラーがスピーチロックを生み、スピーチロックがヒューマンエラーを生む**という「相互連関」の関係にあるのです。

では、ヒューマンエラーとスピーチロックがどのようにかかわっているのか、スピーチロックを理解することで、いかにヒューマンエラーを防止することができるかについて見ていきましょう。

ヒューマンエラー
無意識から意識、意図までの段階

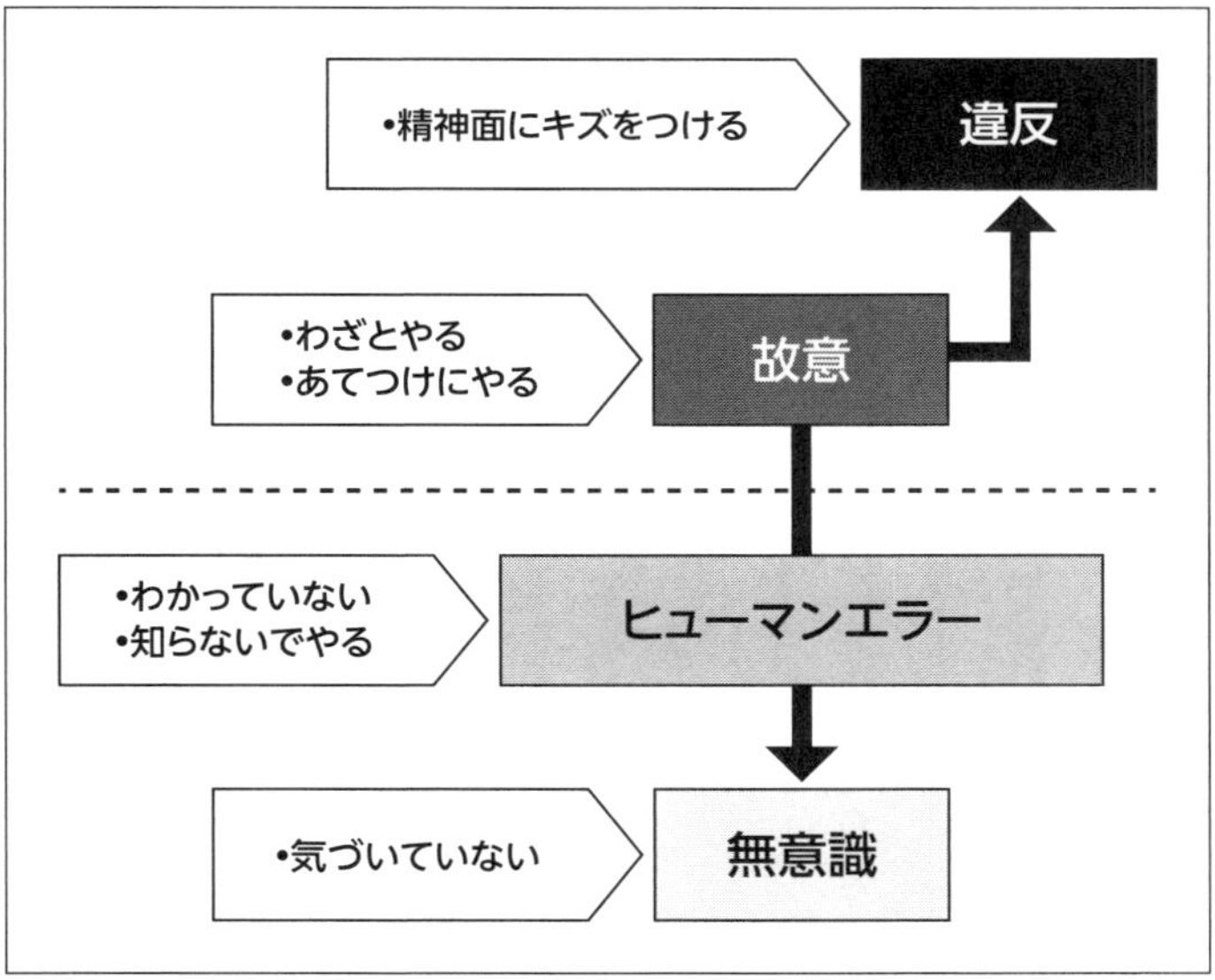

「スピーチロック」は「ヒューマンエラー」を誘発する

言い方、言葉の選び方次第でパワハラになる

相互に関係性があるという「連関」は、物事と物事の間につながりがあり、かかわり合っていたり、関係していたりするという意味です。スピーチロックとヒューマンエラーは互いに関係性があり、互いを誘発して引き起こされるのです。

ここでは、スピーチロックがいかにしてヒューマンエラーを誘発するのかについて見ていきましょう。

スピーチロックは、相手の行動や心理面に抑制をかける言葉ですが、**度を越したス**

ピーチロックは相手にプレッシャーとストレスを与えてしまうことがあります。

例えば、**「資料の提出、早くしてね」**という言葉も、受け取り方によってはスピーチロックですが、これを仮に**「早く資料を提出できないなら、この仕事は他の人に任せる」**と言われたら、あなたがその立場ならば、どのように感じますか？

言われた立場になって考えてみてください。結果は同じになりますが、言い方次第、言葉の選び方ひとつで、**パワハラ**と感じるでしょう。

同じ趣旨を伝える言葉でも、スピーチロック以上の威圧を感じます。このように言われた場合、受けるプレッシャーが相当に大きくなることがわかると思います。

そして、そのスピーチロックを言われたあなたは、**「早く提出しなければ、この仕事がなくなってしまう」と焦り**を感じ、その結果として、**思わぬミスをしたり、資料作成すら着手困難になったり**して、心理的に追い込まれることになります。

このように、スピーチロックは、ヒューマンエラーを誘発させることがあるのです。

スピーチロックによって起きたヒューマンエラー&事件

【実例①】見積金額の0が1つ足りなかったエラー

この事件は、システム開発をしている企業で実際に起きました。

入社3年目のAさんは、製造業向けに機械の設計システムを開発している企業の営業職です。簡単に受注がとれない業界ですが、難しいシステム開発の営業職として顧客企業に出向き、信頼関係を築く努力をしていました。

一度も受注経験がないAさんは、初めて見積書を作成しました。Aさんは見積書くらい自分で簡単に作成できると思っていました。また、Aさんは顧客企業の社長から、「君の会社の社長も知っているから、貴社に発注を一式、頼むよ。君に頼むんじゃない。勘違いするなよ！」と言われていました。自分のがんばりで受注できたのに、こんな言い方をされるなんて、やっていられないと思いながら、見積書を作成したわけです。

しかし、実際には700万円のプログラムの10台分の見積書を作成しなくてはいけないところ、Aさんは見積書に700万円、設計システム一式と記載してしまいました。10台分とは記載しなかったので、顧客企業への見積書に、実際は7000万円の受注金額を「0」を一桁忘れ、700万円一式と記載してしまっていたのです。

Aさんは、すぐに見積書をメール添付で送付しました。タイミング悪く夏季休暇に重なった他、自分を認めてくれなかったことから顧客企業に挨拶にも行かず、そのまま数日が過ぎました。

そして、烈火のごとく大きな声で叫ぶ社長から呼び出しを受けます。「いったいこの見積金額はなんなんだね！」と詰め寄られたのです。しかし、時すでに遅しです。10台のシステムは補助金の関係で同じ仕様でなくてはならず、仕方がなく原価割れの赤字を自社にもたらしてしまいました。

【実例②】スピーチロックが引き起こしたヒューマンエラー

製造業のBさんは1年目の新人です。先輩のCさんからは、「覚えが悪い」「新人のBには無理！」「Bはできない」といつも言われていました。すっかり自信がなくなっていたBさんですが、ある日、C先輩がお休みだったため、急遽、その機械を動かして作業するように言われました。どうせ俺なんてダメな人間だし、できるわけがないと思いつつ、操作したBさんですが、「間違ったらどうしよう、また怒られるかもしれない」と不安でいっぱいの気持ちで機械を操作したところ、突如、警告音が鳴り出し、パニックになってしまいました。押してはいけない操作ボタンを、訳もわからず押してしまい、作動ミスによる事故が発生したのです。翌日、BさんはC先輩に「だからBはダメなんだよ！　Bがいないほうが仕事がはかどる」と言われ、心が折れ、会社にも行けなくなりました。

このようにスピーチロックによって引き起こされるヒューマンエラーは多岐にわたります。

「スピーチロック」を甘く見てはいけない

これらの実例の経緯は、「スピーチロック」という言葉の拘束から、心理的な制限がかかり、行動の間違いをしてしまったものでした。

2022年4月に起きた **「知床遊覧船沈没事故」** も、スピーチロックが引き起こしたヒューマンエラーの可能性があります。同事故では、観覧船のオーナーが船長に対して精神的なプレッシャーを与えており、本来ならば欠航にするべき荒れた海に出航させてしまい、悲惨な事故に発展してしまいました。

これは、船長の出航命令がスピーチロックとなり、ヒューマンエラーが誘発されてしまったケースの1つかもしれませんが、真相は解明できないツラい事件です。

このように規模が大きく、悲惨な結果を生んでしまった事件だけでなく、些細《ささい》なスピーチロックが事故や事件を引き起こす可能性があるということを、私たちは知っておくべきです。**「たかがスピーチロック」と軽く考えていると、大規模なヒューマンエラーを誘発して、取り返しのつかないことになる**かもしれません。

残念ながら、ヒューマンエラーを完全になくすことは不可能です。

なぜなら、人間は必ず過ちを犯す生き物だからです。そこに **「人間＝ヒューマン」が存在する限り、ミス（ヒューマンエラー）を完全に排除することはできません。**

ヒューマンエラーを排除、低減することはできる——エラープルーフ化

人に依存せずミスを回避させる**「エラープルーフ化」**と呼ばれるものがあります。

エラープルーフ（error-proof）とは、「エラーが起きても問題ない」「エラーを防ぐ」という意味の言葉で、「エラープルーフ化」とは、**ミス回避の対策を人に依存せず、ミスを発生させない、発生しても大きな問題とならない仕組みづくりや手順を計画・準備をする設計手法**です。

エラープルーフ化をするために必要なのは、図にもあるとおり、「人間を作業方法に合うように改善する」のではなく、**「作業方法を人間に合うように改善する」**ことです。

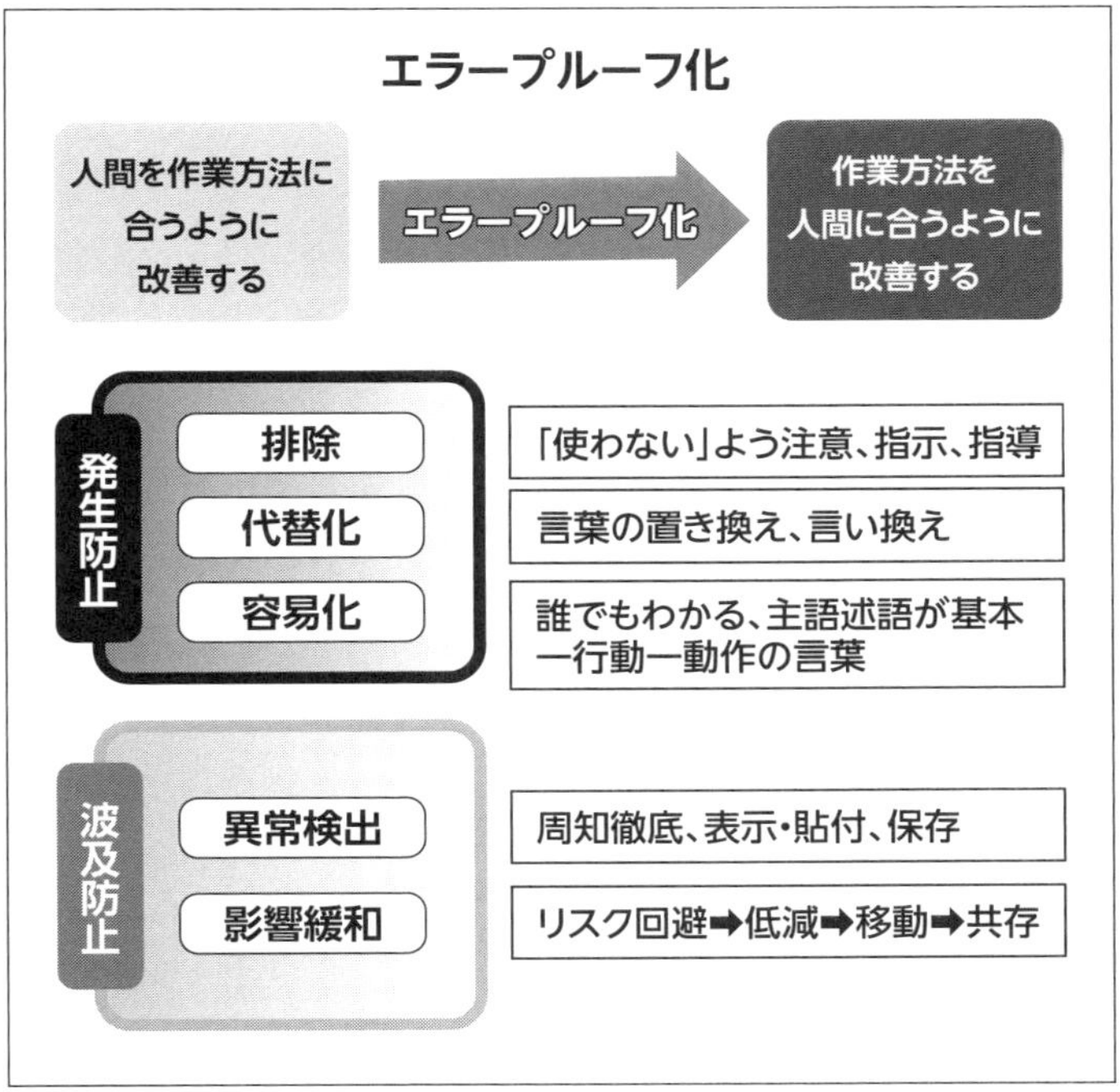
エラープルーフ化
人間を作業方法に合うように改善する
エラープルーフ化
作業方法を人間に合うように改善する
発生防止
排除
代替化
容易化
「使わない」よう注意、指示、指導
言葉の置き換え、言い換え
誰でもわかる、主語述語が基本
一行動一動作の言葉
波及防止
異常検出
影響緩和
周知徹底、表示・貼付、保存
リスク回避➡低減➡移動➡共存

「エラープルーフ化」の5つの原理

エラープルーフ化には、5つの原理があります。

◉原理1「排除」

エラーの原因となるものを取り除く。

（行動例）つまずく可能性がある床の小さい段差をなくす。

（言葉例）相手を傷つけるスピーチロックは言わない、言わせないようにする。

◉原理2「代替化」

作業が多くなったり複雑化したりすると、人は疲労から注意力が低下するので、それを回避する。

（行動例）機械に代替えをして、自働化することでミスを回避する。

（言葉例）言葉を言い換え、置き換えをする。

◉原理3「容易化」

相手の理解度に合わせて、わかりやすく作業しやすく、判断しやすくする。

（行動例）機械の同じ色のボタンの色を変える、目印や番号表示や掲示をする。

（言葉例）「ちょっと行ってくる」を「○○に行ってくる」と具体的にする。

◉原理4「異常検出」

異常をすみやかに検出して知らせるようにする。

（行動例）エラーが発生した際に警報音を鳴らし、装置を自動停止させる。

（言葉例）いつもと違うに気づき（声のトーンや口ごもり、話の内容の齟齬）、相手の個人特性に合わせた質問をする。

◉原理5「影響緩和」

発生したエラーによる問題が、他への影響や拡がらないようにする。

（行動例）事前にどのような問題が発生するかを想定する。

（言葉例）相手が行動できるわかりやすい言葉にする。

最も重要な考え方は、**「ヒューマンエラーをなくすことはできないが、減らすことはできる」**というものです。

「責任追及型」から「原因追求型」に転換シフトする

ミスや事故、あるいは「ヒヤリハット」と呼ばれるような事象が起きたとき、これまで多くの会社では犯人捜し、責任のなすりつけなどが行なわれてきました。これを、「責任追及型」の考え方と言います。

責任が誰（人）にあるのかを追及し、その人に対して懲罰を科すことで、同じミスが起きないようにします。これまでに起きている大きい事件や事故には、責任追及型の考え方があったと思われています。これでは**スピーチロックが常態化してしまい、さらなるミスを誘発**してしまいます。

誰に責任があるかを追及し、その人に罰を科したとしても、その場しのぎの対応にしかなりません。むしろ、そうした状況は、隠ぺいや虚偽などの危険も潜んでおり、新たなミスが発生する悪循環となる可能性があります。

これに対して、**「原因追求型」**の考え方では、ミスや事故が起きたときに、誰に原因があったかよりも、**「何」が原因だったのか**を求めます。

人を責めるのではなく、その人がなぜそのミスをしたのか、組織のどこに問題があったのかを調べようとするのです。

この**原因追求型の最大のメリットは、スピーチロックを生まないこと**にあります。

誰かを責めることを目的としておらず、**同様のミスが二度と起こらないようにすることが目的**なので、結果的にスピーチロックが生まれません。個人が責められないとわかっていれば、なぜ、そんなミスが起きてしまったのかについて、隠すことなく、正直に話してくれるようになるからです。

そうして正確な情報を収集したあとで、何が原因でそうなったのか、どうすれば同様のミスが起きなくなるのかについて、**組織全体で模索**していけばいいのです。

これだけ人口減少が進む中、人手不足からのヒューマンエラーも増加しますし、機械やＡＩに置き換えても、置き換えられない業界、業種も多々あります。それは、**対人援助にかかわる仕事**です。社会には「対人援助」を必要としている人々がいます。

例えば、援助の必要な人を援助する仕事は、医療、保健、介護、教育だけでなく、日常や社会生活の中にたくさんあり、私たちはみんなで助け合いながら生きています。

その意味では、すべての人は、何かしら人を援助することがあるわけです。

第3章

スピーチロックを引き起こす言葉と対処法

相手を精神的に傷つけ、行動を抑制してしまう言葉

スピーチロックが起こりやすい曜日、時間帯

ここからはより実践的なレベルで「どんな言葉がスピーチロックになるのか」を詳しく見ていくとともに、スピーチロックを回避するための対処法も見ていきましょう。

あらためてお伝えしますと、スピーチロックは、**相手の行動や心理面を抑制・拘束してしまう言葉**です。私は、全国の医療、福祉、介護系の職員研修や製造業、建設業の教育コンサルティングを通して、スピーチロックになりうる言葉を、受講者の協力を得て洗い出しをし、アンケート調査、ヒアリングから分析してきました。その数は、

2023年時点で、約5万語を超えました。

さらに、その調査結果からは、障がい・高齢者などの入所施設では、**明け方3〜5時など職員数が少なくなる時間**に虐待およびスピーチロックが多く起こっていること、曜日では**月曜日と金曜日の週初めと週終わり**に、時間帯では**夕方**に多く起きていることなどが見えてきました。また、スピーチロックではないけれど、受け取った相手側が、スピーチロックと取りかねてしまう、**心理的な抑制から引き起こしやすい引き金の言葉**がたくさんありました。

このようにスピーチロックを防ぐためには、まず、**スピーチロックになりやすい、引き起こしやすい言葉を把握し、職場から排除する方法や低減する対処法**を、組織であれば職場のメンバー間、職員間、ご家族であれば夫婦間で話し合うことが大切です。

「脱スピーチロック」ができるようになると、あなたのコミュニケーションの質は劇的に高まるようになります。あなたは周囲の人と軋轢《あつれき》を生みにくくなり、相手に不快な思いを抱かせずに自分の望んだ結果を手に入れやすくなります。

周囲に波風を立てなくなったあなたの働く職場が、居心地のいい環境になることを願っています。

スピーチロックを引き起こす言葉は5種類

次ページの図をご覧ください。これは2016年から2021年まで5年間の調査から分析したものです。相手を精神的に傷つけ行動を抑制してしまう言葉、**「スピーチロック」**には、**「言ってはいけない言葉」「あいまいな言葉」「言葉が足りない」「マイナス／ネガティブな言葉」「使い方が間違っている言葉」**という5つの分類に分けられました。

まず**これらの言葉を知ってもらい、無意識に使わないようにする**ことこそ、一番のスピーチロック防止法です。それでは一つひとつ見ていきましょう。

①言ってはいけない言葉

（定義）蔑視の言葉を多く含み、あってはならない言葉。

スピーチロックおよびスピーチロックを
起こしやすい言葉の割合

2016〜2021年調査結果

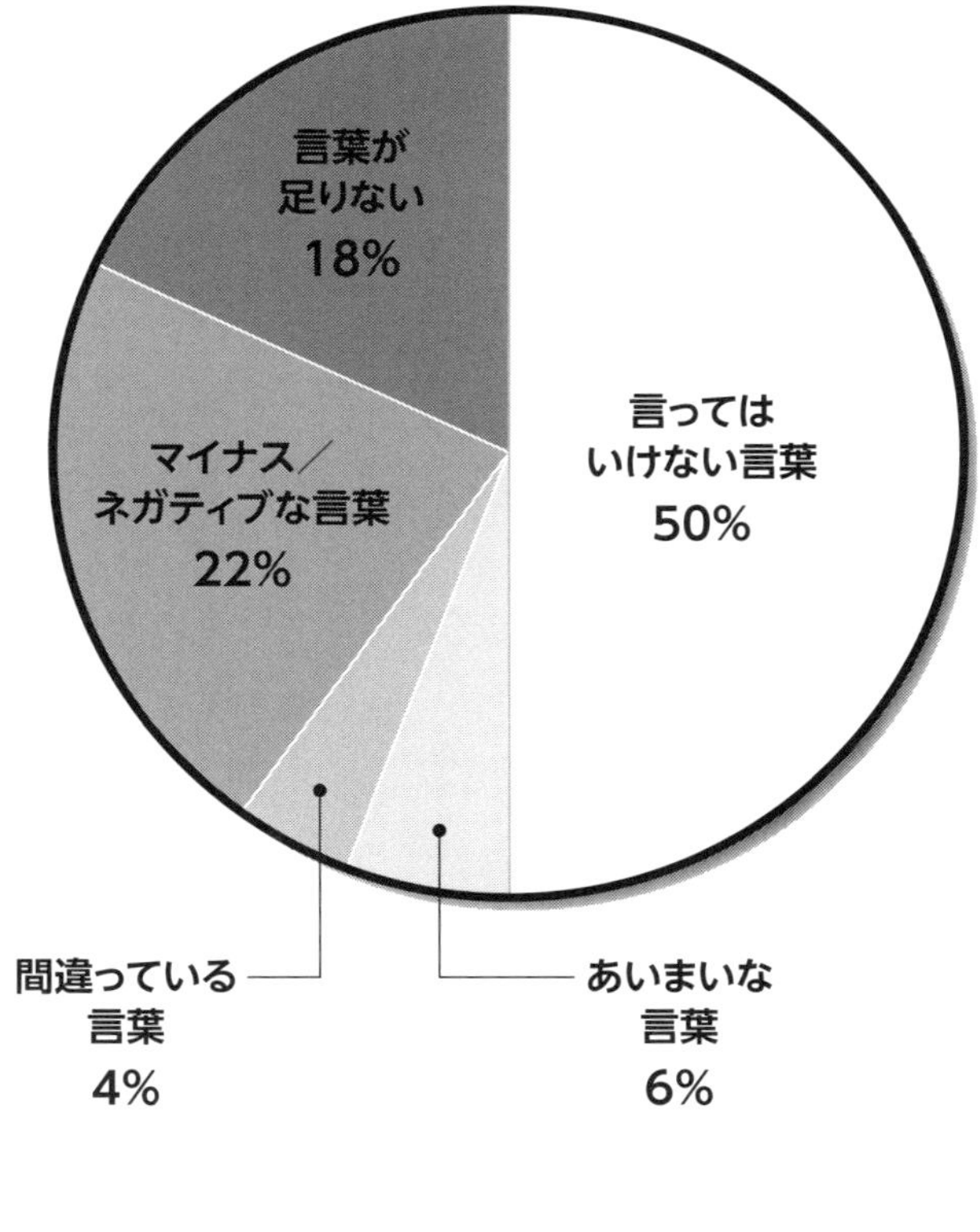

（要因）無意識もしくは無知から言っている。感情的になっている。不安全な状態が起きた。何らかの条件から意図的に発している。ただし、危険、リスクの発生が予測される場合は除く。

（分類）人格否定・存在否定・抑圧／抑制・蔑視／差別・ジェンダー・脅し・突き放し・外観・五感。

（内容）人種差別、男女差別、ジェンダー差別などに基づく放送禁止用語、または明らかにハラスメントになるような言葉、脅迫等の刑事罰の対象になるような違法行為を含む。

（言葉例）死ね、消えろ、帰れ、来るな、やってもムダ、やらないで、動くな。

②あいまいな言葉

（定義）２つ以上の異なった意味に取れることがあり、相手に不安を抱かせることがある。定量化ができず、判断しにくい言い方。

（要因）記憶のエラー、判断のエラーがない、優柔不断、理解不足。

（分類）定量化できない、判断ができない、先延ばししている。

(内容) 特定ができない、時間管理ができない、言葉の選択力が乏しい。

(言葉例) 少々、ちょっと待って、ちゃんとしてね、あれ、それ、これ、あとにして、またね、あとで行く、いつかね。

③言葉が足りない

(定義) 主語・述語が足りない、相手に配慮が足りない、周囲が見えていない。

(要因) 自分の行動に着目することが多く、相手の立場に立った思考が足りない、目的や効果について考えて話すことをしていない。

(分類) 無意識、無頓着、配慮不足。

(内容) かかわり方が自分中心になる、考えて行動しない、変化を嫌う。

(言葉例) いつもと一緒、大丈夫、この流れでやっておいて、普通だし。

④マイナス／ネガティブな言葉

(定義) 認知の歪み。

(要因) 過去の経験や体験から起因する（トラウマ）、自己否定から相手にも求める、相手に対して行動を強要する、自尊心の表れ。

（分類） 決めつけ、思い込み、先入観、固定観念。

（内容） 同意、同調を求める、バイアス・レッテルを貼る、「べき」「すべき」という言葉が多い。

（言葉例） どうせできない、やってもムダ、許せない、また失敗するよ、ダメに決まっている、そんなことも知らないの？

⑤使い方が間違っている言葉

（定義） 言葉の使い方が誤っている、敬語の間違い、日本語がおかしい。

（要因） 無知、そもそも言葉を知らない、間違って教わった。

（分類） 人をモノ扱い、赤ちゃん扱い、日本語の間違い。

（内容） 人に使わない言葉を使う、大人に使わない言葉を使う、ＴＰＯにそぐわない。

（言葉例） （人を）そこに置いて、使えないね、あーんして、お茶のほうを持ってきます、社長様。

「言ってはいけない言葉」が代表的なスピーチロックです。

次の**「あいまいな言葉」**ですが、「ちょっと」や「少々」「あとにして」などの定量化できない言い方、判断しにくい言い方をすると、相手の行動を抑制してしまうことになりますので、注意が必要です。幾度も言ったり、悪意の感情を含んでいたりするとスピーチロックになりますので、注意しましょう。

3つ目は**「言葉が足りない」**です。これは、主語・述語が欠落している、配慮が足りないなど、言われた相手が「どうすればいいのかわからなくなってしまう」言葉を指しています。どうすればいいかわからなくなるということは、その人の行動を抑制してしまっているわけですから、スピーチロックになります。

4つ目の**「マイナス/ネガティブな言葉」**は、そもそも発する言葉（発信）が否定的で、後ろ向きの発言をしていることを指します。また、受け取る側の相手（受信）も否定語を使われると、ネガティブな感情を抱いてしまいます。言ってはいけない言葉は相手の人格を否定したり、人権を侵害したりしていますが、マイナス/ネガティブな言葉はそこまではないけれど、発言者の認知の歪みから、後ろ向きの気持ちになる言葉を相手に投げかけているのです。

また、生まれた環境や育った生活背景からトラウマになったり、周囲の環境から前向きに行動ができにくくなったりしている人もいます。決めつけ、思い込み、先入観、固定観念などを持っていると、認知バイアスによって、相手に言わなくてもいい、マイナス発言からネガティブな思考や考え方を与えてしまいますので、スピーチロックとなってしまうこともあります。

5つ目の**「使い方が間違っている言葉」**は、これまでの4つとは少し異なり、日本語自体を間違って使っている、謙譲語と丁重語の違いがわかっていない。また、人間をモノのように扱う言葉、TPOにそぐわない言葉などです。大の大人を赤ちゃんのように扱う場合もこれにあたります。

図に分類ごとの具体的な言葉をまとめてありますので、自分がふだんの生活で知らず知らずのうちに使ってしまっている言葉がないかどうか、チェックしてみてください。

スピーチロックを引き起こす言葉の分類と事例

区分	種類	要因	調査から出た「言葉」一例
言っては いけない言葉	・放送禁止用語 ・ハラスメント	人格、存在否定	死ね、殺すぞ、消えろ、死んだほうがいいよ、辞めて、帰れ、バカ、アホ
言っては いけない言葉	・放送禁止用語 ・ハラスメント	抑圧・抑制	お前は動くな、うるさい！　黙れ、そばにくるな、こっちにくるな、ぶっ飛ばすぞ
言っては いけない言葉	・放送禁止用語 ・ハラスメント	抑圧・抑制	あなたはやるな！、どうせ失敗するからやらないで、やっぱりできないよね、クビ
言っては いけない言葉	・放送禁止用語 ・ハラスメント	蔑視、差別	馬鹿なんだよ、お前にはできるわけがない、二度と見たくない、コロナがうつる
言っては いけない言葉	・放送禁止用語 ・ハラスメント	ジェンダー	女のくせに、男の子は泣いちゃダメ、ピンクは女の子でしょ、女は不浄！　汚れている
言っては いけない言葉	・放送禁止用語 ・ハラスメント	脅し	(幼児に対して)今日はおやつなし、おやつあげないよ、鬼が来るよ
言っては いけない言葉	・放送禁止用語 ・ハラスメント	脅し	○○ちゃんの病気がうつるよ！、お母さんに捨てられるよ
言っては いけない言葉	・放送禁止用語 ・ハラスメント	突き放し	触るな！　腐る、あっちに行け！、こっちにくるな
言っては いけない言葉	・放送禁止用語 ・ハラスメント	外観	デブ、ガリガリ、顔が気持ち悪いんだよ、そんなみっともない体型で恥ずかしくない？
言っては いけない言葉	・放送禁止用語 ・ハラスメント	五感	お前！　ゲロの臭いがする、臭いんだよ、老眼はメクラだよ
あいまいな 言葉	・記憶エラー ・判断エラー	定量化できない	少々、ちょっと待って、まあまあ、あれ、それ、どっか、あのへん
あいまいな 言葉	・記憶エラー ・判断エラー	判断(特定)できない	そこらへんにある、あのへんにおいて、あれやった？、だいぶ先、どっちでもいいよ
あいまいな 言葉	・記憶エラー ・判断エラー	判断(特定)できない	ちゃんとしてね、いつもと一緒、前やったでしょう？、わかったらやっておいて
あいまいな 言葉	・記憶エラー ・判断エラー	先延ばし	あとにして、ちょっと待って、またね、今度ね、見とくわ！、とりあえず
あいまいな 言葉	・記憶エラー ・判断エラー	先延ばし	そのうち行く、後で行く、いつかね、ぼちぼち
間違い言葉	・不足のエラー	人間をもの扱い	○○さんをそっちに置いておいて、○○さんはいらない人間だから捨てて！
間違い言葉	・不足のエラー	赤ちゃん扱い	あーんして、おしりぺんぺんするよ、できないでしゅか？、ダメでしゅ！、よいでちゅよ
間違い言葉	・不足のエラー	日本語の間違い	トイレないですか？、お茶のほうを持ってきます、とんでもない、社長様
マイナス／ネガティブな言葉	・認知エラー	決めつけ／思い込み	どうせ、できないでしょ！、また失敗するよ、何十回も言っているでしょ
マイナス／ネガティブな言葉	・認知エラー	先入観／固定観念	働いちゃ損、どうせ～でしょ、許せない、だって
言葉が足りない	・無意識	主語／述語がない	いつも通りにやって、いつもと一緒、普通、前と同じ、大丈夫だから
言葉が足りない	・無意識	配慮不足	まあまあ、知らないよ、いつもと変わらない、勘弁して、ちょっとそこまで
言葉が足りない	・無意識	配慮不足	急いで、早くして、このあとの流れでやって、わからんし

スピーチロック防止の一番の対処法「言ってはいけない言葉」を排除

「言ってはいけない言葉」を使ってしまう要因

それでは、脱スピーチロックのための具体的な方法について見ていきます。

脱スピーチロックのためには、まず「言ってはいけない言葉」を排除しましょう。

「言ってはいけない言葉」とは、**相手を傷つけてしまい、パワーハラスメントにも値する差別や蔑視を含む言葉**です。放送業界には、「放送禁止用語」があります（30ページ参照）。私自身も2001年から17年間、コミュニティFM局の開局準備室の段階から参画し、17年間、取締役と株主をした経験があります。その際、放送禁止用語を自局用に策定しました。

この放送禁止用語は「言ってはいけない言葉」にもあてはまりますので、スピーチロック防止にも役立つでしょう。「知らずに言ってしまう」のと、「知っていたのに言ってしまった」では大きな違いがありますので、まずは本書を通して何を言ってはいけないのかを知っていただけたらと思います。

言ってはいけない言葉を使ってしまう要因は、

◉無意識に言ってしまう。
◉無知から言ってしまった。
◉突発的に感情が突き動かされて出てくる。
◉ひどいことを言っている認識がなく出てくる。
◉不安全な状態が起き、何かの条件から意図的に発する。

などがあることは先に述べたとおりです。

「言ってはいけない言葉」を排除する6つの対処法

それでは、言ってはいけない言葉を排除するには、具体的にどうすればいいのでしょうか。まず、行動やマインドの面では、次の6つの対処が有効です。

①感情が抑えられない場合は、いったんその場から離れる。
②場所を変える。
③距離や時間を置く。
④視点を置き換えたメッセージにして相手の立場や状況を考える。
⑤人を代える。
⑥人からモノ・システム・機械に置き換える。

これらの方法は、できれば①から順に試していきましょう。

②以降に行けば行くほど、人間関係に問題が残り、時間や回数が多くなるほど、対応はシビアな方法になるからです。

では、一つひとつ詳しく見ていきましょう。

①感情が抑えられない場合は、いったんその場から離れる

スピーチロックを言ってしまった、逆に言われた場合、感情を落ち着かせるためにその場をいったん離れるというのは有効な手段です。また、**席を立つ、椅子に座る**なども効果的です。

時間を置くことで、頭を冷やし気持ちを落ち着かせることができるでしょう。冷静になって、自分の言ったことがいかにひどかったか、また相手にどのように影響を与えたが理解できるようになるからです。

スピーチロックを使われた場合も、その場に留まって相手に応酬するのではなく、いったんその場を離れましょう。私たちの感情は、顔や声、態度にも出てしまいますので、いったんその場から離れて冷静になることが大切です。職場では、**お手洗いに行く、席を立って歩いてみる**など、相手から離れる行動を心がけてみてください。

②場所を変える

こちらは、「その場からいったん離れる」から、さらに距離を離すことを指します。例えば、職場内にスピーチロックが発生した場合、職場の雰囲気が良くないため、すぐに修復ができないので、空気を変えるためにも、**別の場所に変えてから話し合う**ようにしてみましょう。

スピーチロックが発生した場所には、その場所特有の「空気」があり、場所を変えるだけで「空気」が変わって、冷静さや客観性を取り戻すことができたりするものです。

寒い場所で口論があったのなら、暖かい場所でお茶でも飲みながら再度話し合ってみたり、出先でのスピーチロックなら、職場に戻ってからもう一度話し合ってみたりしてください。**場所を変えて話をしてみるだけで、スピーチロックとそこから派生する問題をスムーズに解決できる**ことがあります。

場所には、自分自身の印象がインプットされてしまいます。職場で、嫌なことがあった場合には、次の日まで引きずってしまいます。また、企業によっては窓口業務で、個室に移動してもらうなどの対応をすでに行なっているところもあります。スピーチロックが起きたら場所そのものを変えて、前向きな気持ちになるように心がけて、防ぎましょう。

③距離や時間を置く

「感情が抑えられない場合は、いったんその場から離れる」や「場所を変える」に近いですが、**相手との距離を置き、時間を置くことで心を鎮め、冷静さを取り戻しやすくします**。皆さんも、家族や好きな人とであれば、親しく触れ合うことができると思います。ところが、嫌いな人の場合、そばにも寄りたくないといった心境になるでしょう。

「こっちに来るな」「お前なんか嫌いだ」などと言ったら、相手は傷つきますし、周囲の人も驚いてしまいます。また、その人との関係性をそれ以降も改善するには時間を要します。逆に、そんな言葉を使われた場合も、誰もが間違いなく不愉快な思いをします。

ですから、言わないのはもちろん、言われた場合は距離を取りましょう。**迅速かつ**

スピーディに距離を取れなくても、ひと呼吸置いて、冷静に考えるようにすると、次に出てくる言葉が変わってきます。たとえ数秒間であっても、客観的な思考をすることで私たちの行動には変化が生まれます。

相手と向き合う前に、**ひと呼吸置いたり、眼を閉じたり**して、自分と向き合い、客観的に俯瞰《ふかん》してみてください。もし、距離や時間を置いてみて、それでもダメなら次の手段です。

④視点を置き換えたメッセージにして相手の立場や状況を考える

これは、スピーチロックになってしまった言葉を、**客観的に、その発言の視点を置き換えたメッセージに書き換える方法**です。

例えば、「絶対に締め切りに間に合わせて！」と言った場合、視点はこの言葉を発した本人の視点になっています。間に合わないと自分が大変なことになってしまうから、どうにか間に合わせてほしいという切望からの言葉です。

これを、相手の視点に置き換えて、

「絶対に締め切りに間に合わせて！」

↓

「あなたも大変だろうけど、間に合わせてもらえると助かるよ！　できることは手伝うから声をかけてね」

と言ってみたらどうでしょうか。相手に視点を置き換えれば、相手の気持ちを斟酌した内容に変わったでしょう。このように、**「視点」を置き換えて再編集する**ことで、スピーチロックが低減できます。

「話す」とは、人の口から出る言葉、つまり「口述語」です。**口述語には、相手の存在や立場も影響**します。例えば、同僚に指摘されるのと、上司から指摘されるのでは、受け取り方やそのあとの行動も変わってくることがあります。これは、心に留めていただきたいポイントです。

「言いにくいことは、先にメモで渡す」

「わかりにくいことは、言葉、図・表・数字に置き換え、書き言葉（記述語）で表す」

ようにするとより良いでしょう。

⑤人を代える

接客や窓口応対ならば、対応する人を代えることも、場合によっては必要です。価値観が多様化している現在、**考え方や意見が合う人と合わない人がいることを認めることが大事**なのです。

スピーチロックを発してしまったAさんと、それをぶつけられたBさんが同じ部署で働いているのなら、部署替えや配置転換を行なわなくてはなりません。少子化が進む今日では、なかなか難しい対処法になりますので、このようなことがないようにしたいものです。また、会社によっては部署を簡単には替えられないという場合もあるとは思いますので、そういう場合は、**期間を決めて「ジョブローテーション」を提案してみる**といいでしょう。

同じ部署にいて同じ人とずっと顔を付き合わせていると、視点が固定してしまいます。また、馴れ合いからも言葉が雑になったり、タメ口やあだ名、人の粗探しが生まれたりしてしまうかもしれません。そうなると、衝突しやすくなり、スピーチロックが生じやすくなります。

人間には、確実に「合う」「合わない」の相性があります。多様性の時代ですから、価値観や考え方も実にさまざまです。就職と採用のマッチングにおいても、ミスマッチングはどうしても起きてしまいます。それぞれの企業が多種多様な理由で人材を採用した結果、その会社に合わない人を採用してしまうことは往々にしてあるからです。そのせいで離職率が高くなってしまうのですが、そこで問題が続く場合は、人を代えることも必要ですし、思いきってシステムに置き換えてしまうのも時代の流れかもしれません。

⑥人から機械・システム・モノに変える

これが**最終手段**です。人間は、そう簡単に性質や人格を変えることはできません。かなりシビアな捉え方ですが、幾度も注意をしても、スピーチロックを繰り返す人がいて、**その人の発言や態度を改めることが期待できない**とするならば、残念ですが、今後スピーチロックが起きないように機械やシステムなどに置き換えることもありです。

ただし、あくまでこれは最終手段です。そうならないためにも、組織の中で周囲がスピーチロックを排除するための行動やサポートをしなければなりません。

スピーチロックの言葉を言い換えるコツ

また、言葉遣い、言葉の言い換えも有効ですので、覚えておきましょう。

◉業務のときは、常に誰に対しても敬語を使う

×「やりなさい」→○「やりませんか」

◉理由を追加する

×「やらないで」→○「○○だからやらないで」

◉結果予知。気づかないことを予知したり、想定する言葉を使う

×「すべきです」→○「すると、○○になります」

◉誘引。相手に指示・命令形ではなく、行動を誘導する

×「しなさい」→○「してくださいませんか」「〜しましょう」

敬語をおすすめするのは、**敬語を使う**ようにすると、「私は、〇〇してほしい」というⅠメッセージから、「あなたなら、〇〇できます」という**Ｙｏｕメッセージへの変換**が自然に行なえるからです。人間は、Ｙｏｕメッセージで何かを言われるほうが「やってみよう」という気持ちになります。

【言い換え例】

「私は、〇〇してほしい」（Ｉメッセージ）

↓

「あなたなら、〇〇できます」（Ｙｏｕメッセージ）

また、「うまくやっておいて」という**指示に理由を追加**し、「〇〇すると、うまくできますよ」に言い換えることで、言われた人は、自分のことを気にかけてくれていると思うでしょう。こうすることで、自然と行動を促し、やる気にさせることができます。

【言い換え例】

「うまくやっておいて」

↓

「○○すると、うまくできますよ」

結果予知は、例えば、「明日までにやりなさい」という指示を「明日までにやると締め切りに間に合います」といった形に言い換えることで、行動を促す効果があります。

【言い換え例】

「明日までにやりなさい」

気持ちよく人が動く
伝え方

読者の方に無料
特別プレゼント

貴重な未公開原稿

（PDF ファイル）

著者・大野晴己さんより

紙面の都合上、どうしても掲載できなかった未公開原稿を、読者特典としてご用意しました。相手との関係を良好にするコミュニケーションのノウハウです。本書の読者限定の貴重なコンテンツです。ぜひダウンロードして本書と併せてご活用ください。

特別プレゼントはこちらから無料ダウンロードできます↓

http://frstp.jp/djpolice

※特別プレゼントは Web 上で公開するものであり、小冊子・DVD などをお送りするものではありません。
※上記無料プレゼントのご提供は予告なく終了となる場合がございます。あらかじめご了承ください。

↓
「明日までにやると会議に間に合います」

誘引は、例えば「今、書類を見てください」という言い切りの主張ではなく、「今、書類を見てもらえませんか」と相手を誘うことで、その場の空気を変え、相手の行動も変えやすくなります。

【言い換え例】
「今、書類を見てください」
↓
「今、書類を見てもらえませんか」

「言ってはいけない言葉」を排除するときの3つのポイント

「言ってはいけない言葉」を排除するための基本的な方法を学んだら、次は、それらを踏まえた上での**実際のやりとりにおいて気をつけたいこと**を見ていきましょう。

大きく3つのポイントがあります。

【ポイント1】感情的な言葉をあと回しにする

まず、「言ってはいけない言葉」を排除するにあたって気をつけていただきたいのは、**感情の言葉は、話す順番を最後にしてみる**と論理的な会話になるということです。

スピーチロックを言ってしまいやすい人は、自分の感情がつい口から出てしまいがちで、特に感情の言葉が冒頭に出やすい傾向にあります。

例えば、「今日は忙しくて、バタバタして本当に大変だったのよ。やることがいっぱいあったから、残業しなくちゃいけないんだ。課長に残業申請しておいてくれる?」というように、自分の感情や相手にわかってほしい気持ちが先に出てしまいます。そのあとも、事情に根ざした感情が次から次へと口を突いて出てきます。結果、残業申請をする時間になっても行動ができないということにつながるのです。

こういう人は、そんなつもりがなくても、自分で気づかないうちにスピーチロックにあたる言葉が口から出てしまうのです。

まず、**自分の感情を発言から抜いて話すように心がけてみてください**。感情を伝えたいならば、**事実を述べたあとで足す**のがいいでしょう。

話の順番は、①結論(答え)、②事実もしくは理由、③感情(情緒)の言葉です。

私は、会社など仕事の場で相手と話す場合、自分の感情(特にネガティブな感情)はむしろ言わないぐらいのほうが、論理的にわかりやすく聞こえると思っています。自分の感情を出したとしても、それがネガティブな感情の発露ならば、単なるストレス発散にしか聞こえず、仕事は前に進みません。むしろ、その感情の発露からスピーチロックにつながり、周囲の人の仕事さえも停滞させてしまう可能性があるからです。

もし、**ストレス過多になった場合は、職場外かプライベートの時間で対処**してください。業務においては「事実」を優先に話をして、上司と部下が組織で情報共有している「ゴール」に常に目を向けてみましょう。

【ポイント2】相手が行動するための言葉に言い換える

2つ目は「相手が行動するための言葉に言い換える」ことです。

仕事は、組織で動いているので、業務を推進することが目的です。自分の感情や都合を発言するのではなく、部下や後輩など、相手の状況を見ながら、相手の情緒を刺激して相手が行動できる言葉に置き換えたり、言い換えたりしましょう。

例えば、上司であっても**部下に対して丁寧な言葉遣いで話す**ことを心がけ、**「あなたが必要です」**ということを先に伝えます。また、**「あなたに成長してほしいので、あえて厳しいことを言いますが……」と前置きをする**ことも大切です。このようなひと言があるのとないのとでは、受け止め方が大きく異なります。

もし、相手が行動するための言葉を使わずに、厳しいことばかり言い続けたり、指示されたりすると、それをスピーチロックと受け取る可能性もあるでしょう。

【ポイント3】結果予知を盛り込んで話す

結果予知とは、**「○○すると、こうなりますよ」**というように、これをすればこういう結果になるという情報のことです。これを相手に行動を促すときや、何かをすすめるときに加えるのです。

例えば、部下に、事前に会議の資料を読んでおいてほしいときには、**「この資料を見ておいて」**と伝える場合と、**「この資料を読んでおくと次の会議で役に立つよ」**と伝える場合とでは、部下が受ける印象と行動が変わります。

「あなたはこうするべき」と一方的に言われても、人間はなかなか素直に行動しようとは思わないものですので、「こうすると、こうなるよ」という結果予知を盛り込んで話すように心がけてみてください。結果予知のワンランク上は、**「結果予測」**です。具体的な数値があるとさらに行動しやすくなります。

結果予知を伝えるときに大切なのは、**理由も一緒に話す**ことです。「この資料を読んでおくと、〇〇だから、次の会議で役に立つよ」というように、**理由を伝えると、より相手が行動しやすくなる言葉になる**からです。

これは、スピーチロックを回避するための基本です。

相手に行動してほしいときには、理由を付け加えたり、どのような行動をしたらいいのかを盛り込みましょう。

どうしても、自分の感情が先に出てしまう人へ

しかし、そう言われても、どうしても自分の感情が出てしまい、コントロールすることができなかったり、どうしても部下に対して悪い感情を持ってしまったりする方もいるでしょう。実はそういう人には、共通する特徴があります。

そういう人は、**自分がどうしたいのか、そして相手にどのように行動をしてほしいのかという「ゴール」を意識していない**のです。自分の言葉が、自分の将来にどんな

影響を与えるかという先を考えることができないわけです。

「返報性の法則」という言葉を聞いたことがありますか？　いずれ自分の言動は、ブーメランのように自分に返ってくるという法則です。目先の感情から相手を追い込むことは避けたいですよね。

「自分が、どのようなビジネスパーソンになりたいのか」

そのゴールのビジョンをきちんと思い描くことが大切です。自分のゴール（未来）を見据えたら、今現在の自分の言葉や態度を決めることを**「先手管理」**と言います。

「先手」の対義語は「後手」です。

後手に回らず、自分の「ゴール」「未来」から、先を見て行動することを意識すれば、スピーチロックの言葉は使わないという「排除」の結論に自然と辿り着くでしょう。

「あいまいな言葉」は、スピーチロック予備軍になる

「また電話します」って、いつ？「ちゃんとしてね」って、どのような状態？

「あいまいな言葉」とは、**「2つ以上の異なった意味に取れる」言葉**のことで、スピーチロック予備軍にあたります。スピーチロックとは少し違いますが、**言われた側がヒューマンエラーを起こす言葉**なのです。

言った側がそんなつもりはないと思っても、あいまいな言葉を使われた相手は、わからない、理解できない状態になり、間違った認識をしてしまいます。

例えば、仕事でよく聞く**「また電話します」**という言葉がそうです。「また」って

言われてもいつ？　と思いますよね。明日なのか、今日中なのか、何時頃なのかがわかりません。それとも、単なる社交辞令で二度と電話をしてこないのかもしれません。

つまり、「また電話します」という言葉だけでは理解ができないため、**相手の行動が止まってしまい、心理的にも不安になり、スピーチロックになりうる**わけです。

また、上司や先輩が部下や後輩に、しっかりしてほしいときに使う**「ちゃんとしてね」**もそうです。指導やアドバイスの際によく耳にしますが、ちゃんとしているのにと思う部下や後輩もいます。どのような状態なれば、ちゃんとしているのか、判断基準があいまいだからです。

このように**あいまいな言葉を頻用していると、お互いに理解に食い違いが起こり、段々と思考停止状態に陥っていきます**。また、「聞いているようで、聞いていない」「心ここにあらず」といった逃避状態にもなります。そうなると、判断がつかない、判断ができない状態になります。あいまいな言葉を使われたら、具体的な質問を返してください。

「あいまいな言葉」が使われる3つの原因

さて、こういったあいまいな言葉は、なぜ使われるのでしょうか。要因は3つあります。

①話し手が思考停止状態にある。
②話し手が逃避状態にある。
③話し手に明確な判断する基準がない。

これらの要因があると、あいまいな言葉が無意識に口から出てしまい、それが相手にとっては、スピーチロックになります。

ここまで読んだ人の中には、もしかしたら「あいまいな言葉よりも、言ってはいけない言葉のほうが深刻なスピーチロックだろう」と思った人もいるかもしれません。

確かに言ってはいけない言葉のほうが、相手の精神に対するダメージは大きいのですが、**実際のビジネスでは、圧倒的にあいまいな言葉のほうがスピーチロックにつながっているという**事例が調査からわかりました。

実際の頻度で言えば、2022年から2024年の2年間で、「あいまいな言葉」が第1位でした。なお、「言葉が足りない」が第2位でした。「言ってはいけない言葉」はそれよりも下位の頻度でしかありませんが、クレームやミスから事件や事故につながるので、影響は大きいものがあります。

「あいまいな言葉」を使わないことは、長い目で見れば、職場の生産性を向上させることに大きく貢献するのです。

「あいまいな言葉」を使わない6つのコツ

あいまいな言葉を使わないコツの基本は6つあります。

①言葉を数字にして定量化の言葉にする。

②5W1Hで話す、聞くことを習慣づける。
③「事実」と「意見」を分け、「感情」を最後に伝える。
④先延ばしをしない、されたら「期限」を聞く。
⑤判断できない言葉は使わない、使わせない。
⑥あいまいなグレーゾーンの言葉の範囲と領域を聞く。

1つずつ見ていきましょう。

①言葉を数字にして定量化の言葉にする

文章中の「対象」「時間」「程度」に数値を盛り込み、定量化しましょう。

例えば、「ちょっと行ってくる」と言って離席されると、在席している人たちからすると、「どこに行ったんだろう？　いつまで行ってるんだろう」と、不在のときに何かあったらどのようにしたらいいのか、連絡を取ればいいのか、また、その人がどうしても必要になる仕事が出てきたらと、あいまいな言葉により、職場全体がスピーチロックがかかった状態になります。

この「ちょっと行ってくる」というあいまいな言葉を「営業部の山田部長のところへ1時間くらい打ち合わせに行ってくる」と言葉を足したり、**具体的な内容を入れたりして定量化するだけ**で、言われたほうは安心できるようになります。

よって、「○○に行ってくる」「○○分だけ離席する」「○○枚コピーしてくれる?」など、**対象、時間、程度**を明確にしましょう。また、なるべくわかりやすく**数値化**したり、数字の出せない内容であっても、「ゴルフボールくらいの大きさ」「積み上げると東京タワーくらいの高さ」など、**お互いが理解できる言葉**に言い換えたり、**イメージしやすい表現や言葉**に置き換えてみるとわかりやすくなります。

②5W1Hで話す、聞くことを習慣づける

5W1Hとは、**What(何)、Who(誰)、Where(どこ)、When(いつ)、Why(なぜ)、How(どのように)**の頭文字を取った言葉です。これらを明確にして話すことがあいまいな言葉を防止してくれます。

先ほどの「ちょっと行ってくる」に5W1Hに盛り込んで言い換えると、

「ちょっと行ってくる」

↓

「○○さんに頼まれて資料をA社に至急持っていかないといけないので、1時間ほど離席します。不在中に問題が発生したら、すぐに携帯に連絡をください」

となります。

このように伝えていくと、これを聞いている職場の皆さんはかなり安心するでしょう。また、相手の話をよく聞く習慣を身につけることで、相手が、自分に対して、どのような情報を求めているかが理解できるようになりますので、あいまいな言葉が自然と減っていきます。

5W1Hは、さらに**「6W3H」**にすると、より理解が深まります。6W3Hは5W1Hに、**「誰のために（Whom）」、「How much（いくら）」、「How many（いくつ）」**を付け加えたものです。また、絵日記風に話を**「いつ」から始めるのではなく、「誰」から始める**と、相手が理解しやすくなりますので、活用してみてください。

ストーリーの重要性

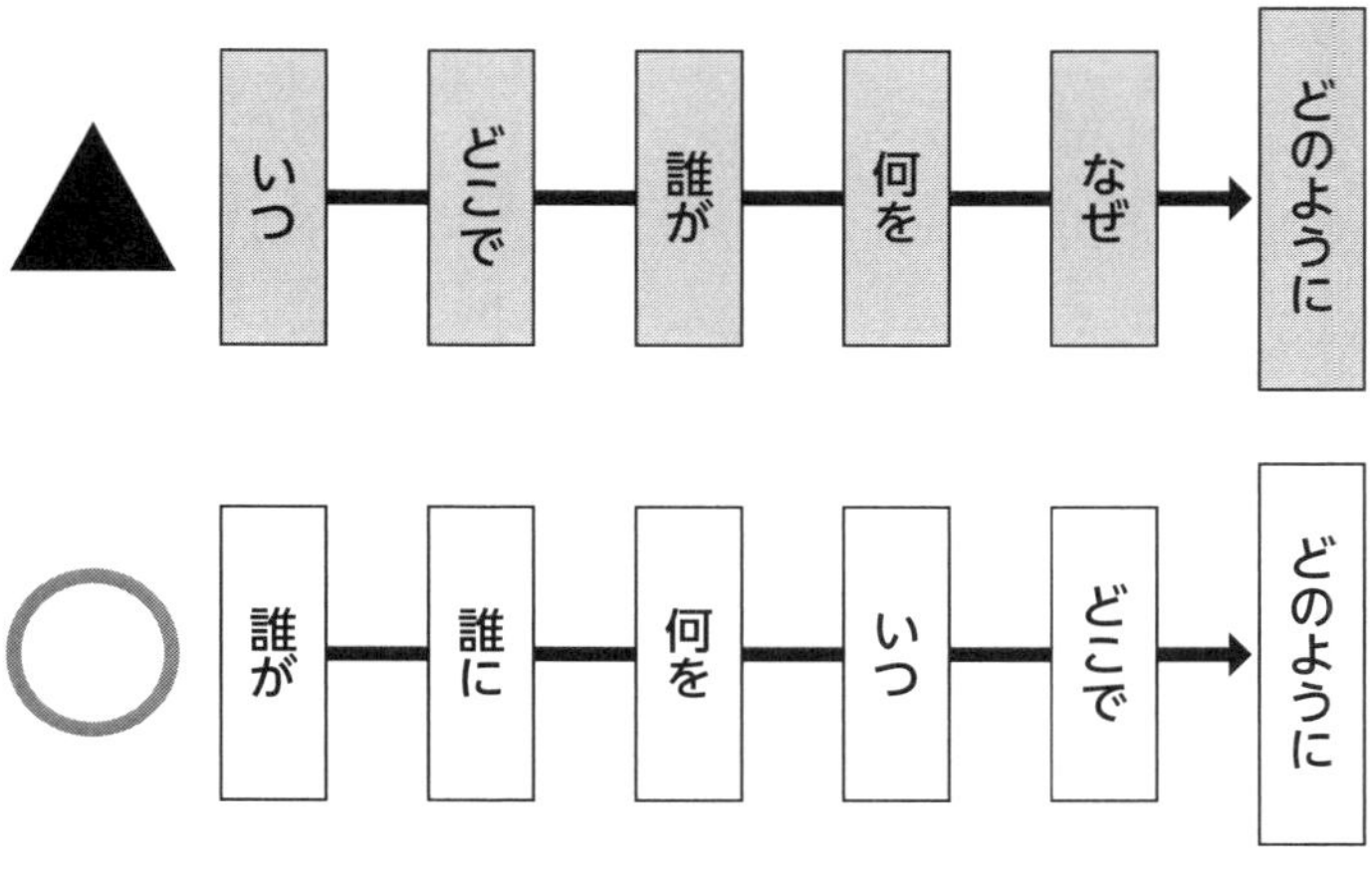

具体的に話す「6W3H」

When	いつ	日程・期限
Where	どこで	場所・部署
Who	誰が	担当者・責任者
What	何を	内容・課題
Why	なぜ	理由・背景
Whom	**誰のために**	**相手（お客様）**
How	**どのように**	**方法・順序**
How much	**いくら**	**費用・時間**
How many	**いくつ**	**人員・数量**

③「事実」と「意見」を分け、「感情」を最後に伝える

「事実」「意見」を分けて、最後に「感情」を伝えることで、**感情の部分が減り、論理的にわかりやすく伝わる上、あいまいな言葉は減っていきます**。また、**感情的に話しているという印象も低減されます**。

あなたは、職場の誰かを守るために、嘘をついたり、隠し事をしたりと、「事実」とは異なることを言ってしまったことはありませんか？　あるいは、そんなつもりがなくても、あいまいな言い方で誤解されたことはありませんか？

このようなことを避けるためには、**事実を先に話すことが大切**です。あいまいな言葉は、ほとんどが「事実」を明確にしていません。**事実は、すべて5W1Hで表現できます**。

報告・連絡・相談の場合でも、話す順番は大切です。**まずは結論を話し、そのあとに理由や詳細を簡潔に伝える**ことが鉄則です。

それを意識せず、絵日記のように**「時系列」から話してしまうと、要点がわかりにくくなります**。例えば、感情や理由を先行した「とにかく来場者が多くて疲れました。

休憩も取れなかったので、明日、2名増員してください」と伝えた場合、言い訳に聞こえてしまいますが、「安全確保のため、明日2名の増員をお願いします。来場者が予定より100名も多くスタッフは休みも取れませんでした」と伝えた場合は、相手にスッと伝わり、理解もしてもらいやすくなります。

また、「休みが取れなかった」というネガティブな情報は、伝えないほうがいい場合もありますので、**事前に何を伝えて、何を伝えないか情報の整理**をやっておきましょう。さらに、そこに**数字を入れると感覚的ではなくなるため、相手を説得しやすくなります。**

④先延ばしをしない、されたら期限を聞く

そもそも決定を先延ばしにしようとするから、言葉があいまいになるのです。**相手があいまいな言葉を使ったら、「今、具体的に決めてください」と相手に求めてください。**

例えば、部下であるあなたが、上司に「すみません、この資料見ていただけませんか?」と頼んだときに、上司に「あとで見ておくよ」と言われた場合、本当に見ても

らえるのかと疑念を抱くはずです。「○日が締め切りなので、○日の10時まで資料を見て、感想を教えてください」と**「期限」**を伝えれば、お互いにモヤモヤがなくなります。

⑤判断できない言葉は使わない、使わせない

例えば「前向きに検討します」は、判断を保留しているような言い回しに聞こえます。これを「明日の会議にかけて、結論をお伝えします」というように、**明確な方向性を示す言葉に換える**ことがスピーチロックの回避につながります。判断できない言葉を使ってしまうと、お互いに勘違いや齟齬《そご》による間違いが起こる可能性があるので注意しましょう。

⑥あいまいなグレーゾーンの言葉の範囲と領域を聞く

先がわからない、見えない場合、人は言葉を濁して、あいまいな言葉を使います。相手もその配慮がわかっていれば、問題は起こらないのですが、無意識で使っている場合や、それでもグレーゾーンがある場合は、以下の言い換えが有効です。

1つ目は**「指定」**することです。「ちょっと行ってくる」と言うところを、「Aに行ってくる」と言うだけで、スピーチロックを回避しやすくなります。

2つ目は**「数値化」**です。「少々お待ちください」ではなく「10分ほどお待ちください」と具体的な数字を示して伝えましょう。また、病院や市役所などでは「何人待っています」と伝えるのも有効です。

3つ目は情報を**「限定」**することです。「また電話します」ではなく、「明日の午後、こちらから電話します」と伝えることで、タスクマネジメントも容易になるでしょう。

営業セールスの場合は、相手にリクエストをする**「訴求」**が効果的です。「限定商品なのでお申し込みが殺到すると思います。○日にはご返事をください」と相手に訴求する話し方は効果があるはずです。逆に「ぜひご検討ください」と言っただけでは、相手の関心は時間の経過とともに薄れていきます。

特に、調査結果で多かったあいまいな言葉「ちゃんとしてね」は使わないで、「○○ができるようにしてね」と具体的な**「要望」**を出すようにしましょう。

「使い方が間違っている言葉」を知る

言葉で、人を「モノ」「道具」扱いしていないか

脱スピーチロックのための具体的な方法、5つ目は「使い方が間違っている言葉」を知る、です。「使い方が間違っている言葉」とは、**間違った日本語の使い方、間違った敬語の使い方、人をモノ扱いする言葉**など、「正しい言葉を知らない、勘違いから間違った言葉を使っている行為」全般を指しています。

具体的には、

◉人間をモノ扱いするような言葉。

◉大人を赤ちゃん扱いするような言葉。
◉日本語の使い方が間違っている言葉。

が挙げられます。

例えば、介護施設で、入浴が終わった利用者を職員が、**「ねぇ、山田さんをそっちに置いといて！　あっちに持っていってよ」**と発言した場合、利用者の人間を「置く」「持っていく」と、自立を支援する職員がモノ扱いしていることになります。

また、人手が足りないときに他部署に行って、**「ちょっと人手が足りないので、〇〇さん、借りるね」**と言うのも、その人に敬意を払うこともなく、安易にモノ扱いしているように聞こえます。実際はそんなつもりではないと言うと思いますが、来社していた取引先の方々からは、そのように聞こえたと言われました。

その他にも、いろいろな場所で使われているのが、**「使えない」**という言葉です。**「今年入った新人はみんな使えないなぁ」**と愚痴を言う人がいますが、これは完全に対象者をモノ扱いしています。使える、使えないは「道具」に対して用いる言葉であって、人間に使う言葉ではありません。

「使えない」と似ているのが、**「要らない」**という言葉です。**「あんな人間、要らないよ」**と言うのも、その人をモノ扱いしています。要らない、不要、用なしという言葉は人間を人間として扱っておらず、モノ扱いか、もしくは上から目線でその場の感情に任せて発言しているに過ぎません。

それから、最近、現場でよく使われるようになったのが、**「ロボットのほうが使える」「AIのほうが使える」**などの言葉です。これらはすべて、言われた側からすればば、スピーチロックです。発言した本人は本心からではないにしろ**「今年の新人は使えない、用なしだよ」**と言われたら、あなたならどう思いますか？

日本語の誤った使い方にご用心

最近の若者は、言葉を額面どおりに受け取ってしまう人が増えています。言われた側は本気だと受け取って、「あぁ、そうですか、じゃあ辞めます」と、あっさりと退職してしまうケースもあります。採用難でようやく採用確保した総務や人事部にとってはたまったものではありません。

「本当はそんなつもりで言ったんじゃないんだ！」「やる気を出してもらおうと思って言っただけなのに」と弁解しても、時すでに遅し、です。

本心から辞めて欲しくはないのなら、相手を傷つける間違った言葉を使うのは止めましょう。ちなみに、人間をモノ扱いしたり、赤ちゃん扱いをしたりする間違った言葉は「不足のエラー」と呼びます。

日本語として間違っているのは、**「トイレないですか？」**などです。トイレは建物なので、「お手洗いに行きますか？」「トイレに行きますか？」にしてください。

また、**「お茶のほうを持ってきます」「とんでもない」「社長様」**も日本語として間違っています。方向を指し示す言葉「ほう」をとって「お茶を持ってきてください」とすべきですし、「とんでもない」は「とんでもないことです」と「こと」が抜けています。「社長」などの役職は敬称です。「様」も敬称なので、「社長様」は敬称の二重遣いです。過重敬語なのでどちらかにしましょう。

「赤ちゃん扱いする言葉」にも気をつけて

人間をモノ扱いする言葉と同じく、気をつけたいのが、「赤ちゃん扱いする言葉」です。赤ちゃん扱いする言葉とは、例えば、**年配の上司が、若い女性社員や孫くらいの年齢の若い社員などを赤ちゃん扱いする言い方や言葉**のことです。

例えば「抱っこしてあげようか？　いや、そんなことしたらセクハラになっちゃうか！」と言った言葉を投げかけられると、不快に感じるでしょう。

この例はまさにセクハラですが、相手を子ども扱いすれば、何を言ってもいいわけではありません。むしろ失礼に当たります。

例えば、**「そんなこと、できるんですかあ？」「そんなことも、できないんですかあ？」「よくできましたー、すごいですねー」**と年配の上司が若い女性社員に言うのも、声の表情にもよりますが、赤ちゃん扱いする言い方です。

これらの「赤ちゃん扱いしている言葉」と、先に解説した「人間をモノ扱いしている言葉」は、スピーチロックになるだけでなく、ハラスメントにもなりうる可能性がありますので、常日頃から使っていないか、使われていないかに注意しましょう。

間違い言葉について

不足のエラー	人間を物扱い	○○さんをそっちに置いておいて
		○○さんはいらない人間だから捨てて!
	赤ちゃん扱い	あーんして、おしりぺんぺんするよ
		できないでしゅか?、ダメでしゅ!良いでちゅよ
	日本語の間違い	トイレないですか?、お茶のほうを持ってきます
		とんでもない、社長様

「マイナス／ネガティブ言葉」を肯定表現、プラスの言葉に言い換える

「マイナス／ネガティブな言葉」が口から出てしまう原因

「マイナス／ネガティブな言葉」は、肯定表現、プラスの言葉に言い換えましょう。

マイナス／ネガティブな言葉とは、否定的で消極的な状態や方向性を伝える言葉です。例えば、部下に対して**「また失敗するんじゃないの」**と言ったり、**「言ってもムダだね」**と言ったりすることを指します。

こういったマイナス／ネガティブな言葉は、ついつい無意識に口から出てしまいがちです。これが記述語（書く）の文章の場合、考えて書き、入力するので、あまり

「マイナス／ネガティブな言葉」が出ることはありません。「マイナス／ネガティブな言葉」が口から出てしまう背景には、さまざまな要因があります。

まず、**決めつけや思い込みというヒューマンエラー（誤認識）**から無意識に出てしまうことが要因の1つです。それは、先入観や固定観念と言い換えることもできます。

また、自分自身に対する「マイナス／ネガティブな言葉」の場合、その要因には、**自分に自信がない**こと、**自己肯定感が低い**こと、**過去のトラウマ**などから考えられます。

「マイナス／ネガティブな言葉」を使っていると、**自分だけでなく周囲もネガティブな考え方**になります。組織やチームの場合は、周囲への影響も考えてプラスの言葉に換え、思考自体もポジティブになるようにしましょう。

「マイナス／ネガティブな言葉」は、それ自体がスピーチロックになってしまう可能性があるものですから、使わないほうがいいのかもしれませんが、ここで1つ注意点があります。

不安全な状態が続いたり、危険性が予想されたりする場合、危険リスクが高くなる状態が予測される場合、「本当にこれ大丈夫かな?」「失敗しちゃうんじゃない?」

「もしかしたら、事故につながるんじゃない？」などの「マイナス／ネガティブな言葉」を使うことは、先を予知してのことですから問題ありません。

そのような場合にも、「マイナス／ネガティブな言葉」を絶対に使わないと思ってしまうと、かえって問題や事故が発生してしまったり、相手に厳しい印象を与えてしまったりします。先ほどのような必要な場面では、**「かも」という言葉を使う**と印象が和らぎますので、予知の言葉として**「……かもしれない」**という言葉を使ってみるといいでしょう。

つまり、何の危険もリスクも生じないタイミングの場合、「マイナス／ネガティブな言葉」を使うのは避けるべきなのです。

「マイナス／ネガティブな言葉」を使わないようにする6つのコツ

「マイナス／ネガティブな言葉」を使わないようにするには次に挙げる６つのコツがあります。

①D言葉を使わない（でも、だって、どうせ、だから）。
②感想・評価の言葉ほど肯定的な前向きな言葉にする。
③リフレーミング（視点、捉え方）**を変える。**
④メリットとデメリットの両方を考える、伝える。
⑤真の原因を引き出す（背景、過去など）。
⑥到達、成長、成功などを具体的にする、させる。

①D言葉を使わない（でも、だって、どうせ、だから）

D言葉とは、**「でも」「だって」「どうせ」「だから」**などを指し、頭文字がDであることがその理由です。これらの言葉は、ほぼ必ずと言っていいほど、あとにマイナス／ネガティブな言葉が続きます。つまり、**マイナス／ネガティブな言葉の枕詞**のようなものなのです。

例えば、**「でも、また失敗するんでしょ」「だって、前もうまく行かなかったでしょ」「どうせ、今回も途中で放り投げるんじゃ……」「だから、言われるんだよ」**など、

D言葉のあとは、自然に、マイナス／ネガティブな言葉が続きます。

「だって」などの右に挙げた接続詞は、使えばすなわち**「反論」**や**「否定」**につながってしまい、自分の意見や主張を通そうとしていると見なされます。

例えば、**「だって、それは違うでしょ！」**と言うと、単に相手の意見に対して反論している、否定しているように受け取られてしまいますが、**「確かに、そうですね。私の意見とは違いますが、そういう考えもありますね」**と言えば、相手の意見を肯定していると受け取ってもらえ、前向きな議論が進められます。

また、**「どうせ私なんか……」**と「どうせ」という接続詞を使うと、それだけで相手は返答に困ってしまいます。ここは**「どうしたら私はできるようになりますか」**と言い換えてみましょう。それだけで、相手にあなたが変わる気持ちを持っていることが伝わり、前向きな話し合いができるようになります。

まずはD言葉を使わないように意識するだけで、マイナス／ネガティブな言葉が誘発されにくくなりますから、意識してみてください。

②感想・評価の言葉ほど肯定的な前向きな言葉にする

部下の仕事への感想・評価などを伝えるときは、意識して肯定的な言葉を選ぶようにしましょう。これはのちに解説する「メリットとデメリットの両方を伝える」にも通じるものがありますが、部下の仕事ぶりに対して、**悪い点や直してほしい点を伝える前に、良い点をまず伝える**ようにするのです。

また、相手のしたことが良い結果ではなかった場合も、相手を凹ませてしまうような言い方は避けたいところです。**「だからダメなんだよ」ではなく、「○○はできていたけれど、○○はできていなかった」**というように**部分否定を使いましょう。**特に「元々できていない」などのダメ押しは避けてください。

③リフレーミング（視点、捉え方）を変える

リフレーミングとは元々、物事の枠組み（フレーム）を変えて、違う視点から見ることを意味する心理学用語です。つまり、不安なことやネガティブなことも、考え方の前提を変えることで、長所や期待などのポジティブなものとして捉えられるようにする手法です。

マイナス／ネガティブな言葉を使いがちな人は、往々にして**「思い込み」「決めつけ」「固定観念」「先入観」などに囚われることが多い**ので、それらをいったん、外してみるのです。これだけでマイナス／ネガティブな言葉は出てきにくくなります。

例えば、部下の仕事ぶりを評価する場合、「彼は仕事ができない」という固定観念を外して、リフレーミングをしてみましょう。**すると、「これはできなかったけれど、これならできるようになるかも」**と思うことができます。

相手の立場に立って、相手を理解し、相手に共鳴や共感をすることが特に大切ですので、自分の思い込みや決めつけを見直し、言葉遣いも変えてみましょう。

例えば、**「頑固だね」を「信念があるね」**に、**「おしゃべりだね」を「発信力があるね」**に、**「口下手だね」を「聞き上手だね」**に変えるだけで、印象がグッと変わります。

④メリットとデメリットの両方を考える、伝える

部下の仕事への感想・評価などを伝える場合、たとえ結果が悪かったとしても、悪い点や直してほしい点だけを伝えるのではなく、**良い点をまず伝える**ようにしましょ

う。ただし、部下の仕事ぶりに対して、悪いことばかり言っていると相手は聞くのも嫌になってしまいますが、**いいことばかりを言うと信じてもらえない**場合もありますので、**メリットとデメリットの両方を伝える**ことを意識してください。そのほうが、相手はあなたの言葉を正直な気持ちで受けとってくれます。

⑤真の原因を引き出す（背景、過去など）

これは、あなたや発言をした人物がマイナス／ネガティブな言葉をぶつけたくなった対象や状況について、**本当の理由、本心や本音などが何なのかを考えてみる**という方法です。

目の前に見えていることだけではなく、**それ以前に原因や理由があるかもしれない**と考えてみてください。もしかしたら、言葉や態度、表情から読み取れず、さらにその人自身も気づいていない真の原因があるかもしれません。

マイナス／ネガティブな言葉を吐きたくなる事象は、もしかしたら、本人が認識しているのとは違う真の原因があるかもしれません。そこを突き詰めて考えていけば、安易にマイナス／ネガティブな言葉は出なくなるはずです。

例えば、ある人が「できない、やりたくない」と言う場合、**何らかの背景や過去のトラウマがある場合が多い**ものです。そして、**当の本人がその理由に気づいていないケース**も多々あります。

そのため、自信がない、または自己肯定感が低い人に対しては、**その原因となっている過去の固定観念やトラウマを引き出すように話をする**ことで、スムーズに問題解決の糸口に移行できることがあります。

ただし、トラウマを不用意に刺激してしまうと、かえって関係を悪化させたり、相手の気分を落ち込ませたりするリスクもありますので、相手の心身の状態をよく見極めてください。

⑥到達、成長、成功などを具体的にする、させる

そもそも、到達すべき目標などをあいまいにしていると、上司は部下に対して、具体的な指示が出せません。到達目標を具体的で定量的にすることが大事ですし、部下にとっても良いはずです。**単に「がんばれ」とだけ伝えるよりも、「○○の目標に到達してね」と伝える**ほうが、相手の現状を把握しやすくなり、また、相手に肯定的な評価を与えやすくなるからです。

言い換えの練習

ここまでお伝えしたことを踏まえた上で、実際の言葉遣いでは、次のような応用が有効です。

◉行動予測

×「また失敗するよ」→○「失敗しないために○○をしよう」

このような予測を立てると、前向きな考え方に変わっていきます。また、私たちは、知らないうちに行動にブレーキをかけていることがあります。自分が発した言葉は自分の耳で聞いていますので、**「やってもムダ」と口にすることは、自分を洗脳していることになります。**これは、人に言葉を投げかける場合も同じです。「ダメ元でやってみる、やってみよう！」という言葉を発するだけでも、心が前向きになり、また、周囲の人もサポートしてくれるようになります。

◉自己行動ブレーキを外す

×「やってもムダ」↓○「ダメ元でもやってみます」

◉相手行動ブレーキを外す

×「許せない」↓○「○○なので心配、こうするとうまくいくよ」

相手の言っていること、やっていることが違う場合、「だからダメなんだよ」と強い非難の言葉がつい口から出てしまいます。そんなときには、まずは相手を気遣う言葉を発し、相手の心のブレーキを外してみてから、相手の行動に着目して言葉を選ぶようにしましょう。先に未来をイメージさせたり、予測してあげたりすることで、相手は安心を得ることができるでしょう。

「言葉が足りない」を解消する

「言葉が足りない」が起こってしまう2つの要因

「言葉が足りない」とは、**言葉を省略していたり、説明が不足していたりすることを**指します。話し手の意図が正確に伝わらないため、それが結果的に相手に心理的な負荷をかけてしまい、スピーチロックとなってしまうのです。

ほとんどの場合、**「言葉が足りない」は無意識に行なわれており**、実際の現場における頻度としては、「あいまいな言葉」に次ぐ第3位でした。**「他のね」「やってよ！」「普通」**など、あいまいな言葉と類似している言葉もありました。

「言葉が足りない」が起こってしまう要因は、大きく2つあります。

①相手は理解してくれるだろう、わかってくれるだろうという甘え。
②聞き手の理解度に対しての配慮が不足している。

では、「言葉が足りない」は、具体的にどのような言葉が足りないかと言うと、主に、**「主語、述語が欠けている」「必要な前提情報が欠けている」**ことが挙げられます。

例えば、「普通」という発言があったとします。こちらから「体調はどうかな？」と聞いて、「普通」と返答がきたわけです。

するとどうですか、体調を案じて聞いているのに、これでは**「何が」「どのように」普通なのかがわかりません**。「普通」とは、体調がいいのか、悪いことを指すのかがわかりません。いつと比べて普通なのか、**普通の尺度がわからない**からです。

この場合、少なくとも「何が普通で」「普通だからどう思っているのか」について説明するといいでしょう。

仕事のメールをやりとりしている中で、先方の言っていることが理解できなかった場合、その文意を推測するために時間を費やすことになり、ロスタイムになります。それで仕事がストップしてしまったら、それはスピーチロックなのです。

「言葉が足りないくらい、いいじゃないか」と思う人もいるかもしれませんが、相手や周囲の人に迷惑を及ぼす可能性もあります。

「言葉が足りない」を解消する6つの対処法

「言葉が足りない」を解消するには、まず**「相手に理解できる言葉を使う」ことが基本**となります。こちらの話している内容を相手が理解できていないと感じたら、相手の理解度に応じた言葉を選んで話すようにしてください。

具体的には次に挙げる6つです。

①相手の理解度に合わせた言葉を選ぶ。
②自分は知っていても相手は知らないかもしれないと考える。

③教える人は、相手が行動するための言葉を添える。
④「用語解析集」という言葉に説明をつけた資料を作成し、業界や専門用語を事前に覚えてもらう。
⑤チャンクダウンとチャンクアップをする。
⑥「比較」と「判断」の言葉でフィードバックする。

1つずつ見ていきましょう。

①相手の理解度に合わせた言葉を選ぶ

相手の理解度を意識して言葉を選びましょう。難しい専門用語を並べて話しても、相手が理解して行動してくれなければかえって逆効果になります。相手に理解してもらえなければ、あなたの話はただの自慢話になってしまいます。

②自分は知っていても相手は知らないかもしれないと考える

「そんなことも知らないの?」「そのくらい知っていると思った」と言われると、相手は自分が無知であることに萎縮してしまい、行動が制限されてしまいます。もしかしたら、相手は知らないかもしれないと考えることも、時には必要です。聞き手からすれば、初めて聞くこともあるかもしれません。

③教える人は、相手が行動するための言葉を添える

一方的に教えるのではなく、「こうするとやりやすいから、やってみて」など、相手が行動に移しやすくなるようなひと言を添えるだけで印象がかなり良くなります。

教える側が教えることは、基本3つだけです。

- **◉知らないことを教える。**
- **◉できないことをできるように教える。**
- **◉間違ったことを直し、正しくなるように教える。**

「教えてやる」という**個人的なマウンティング感情は捨てて、会社やチーム全体のために相手に教える**ようにしてください。そうすると、状況や相手の理解度に合わせて、

適切に教えることができるようになります。

ひと昔前は、「聞くな、見て覚えろ」と言われて背中を見ながら覚えた人もいるでしょう。確かにマニュアルを見てもわからないことがあります。先輩の行動を見ながら理解する必要もあるでしょう。ただし、教える側はその都度、言葉を添えて教える、数字で教える、絵で教えるといった方法もとってみましょう。

④用語解析集を作成し、業界や専門用語を事前に覚えてもらう

業界用語や専門用語が多い業種なら、用語解析集を作成して配布しておき、事前に覚えてもらうということも必要です。

業界によっては専門用語が多く存在しています。ある業界で「ケツ持ってこい」と上司から言われて、新人は言っている意味がわからず、お尻を差し出したという笑い話もあるほどです。

マニュアルに載っている言葉や、職場の人間が使っている言葉の意味がわからないと判断した場合は、単語帳やエクセルシートで一覧表にしたり、用語集をつくったりするなどの工夫をして、事前に覚えてもらうようにしましょう。

⑤チャンクダウンとチャンクアップをする

チャンクとは「塊」を意味する言葉です。**チャンクダウンとは、塊を細かく小分けしていくように見ること**を言います。つまり、大きな岩から石、砂利、砂などに細かくすることで深掘りして話を深める手法のことです。

逆に**チャンクアップは、塊をより広い視野に立って俯瞰で見るようにすること**を言います。

例えば、「具体的な例としては5つあります。それは○○の事例です。その事例は、○○をつくるために説明しました」というように、小さなことから話を始めて、最終的に大きな議題やテーマに行き着くように話すのです。これによって因果関係や物事のつながりを説明することが容易になります。

話には、「幹」の部分と「枝葉」の部分があります。幹の部分をきちんと話した上で枝葉の部分を話すと、聞いている人は理解しやすいのですが、幹の部分を話さずに枝葉だけを話し続けてしまうと、聞いている人は混乱してしまいます。

また、逆に幹の部分だけを話していても、聞いている人は「具体的に何をすればいいのかがわからない」状態になることがあります。

そのため、幹の話だけをしている人にはチャンクダウンを、枝葉の話だけをしている人にはチャンクアップをするように指導すると、言葉が足りないという状態は解消されやすくなります。

⑥「比較」と「判断」の言葉でフィードバックする

また、「比較」と「判断」の言葉を使ってフィードバックを行なうこともおすすめします。

例えば、上司が「高い金額で見積書を作成して！」と言葉が足りない指示を出してきたときに、**「高いとは、何と比べてですか？」**と比較を行なって言葉の足りない部分を補完してもらうようにしてください。

また、上司が「見直しが必要だ！」と言葉の足りない感想を述べたときにも、**「何を判断基準にして見直しますか？」**と話題に判断する基準を持ち込むことで、相手の言葉が足りない部分を補うことができます。

相手にわかりやすく伝えるためには、**相手が判断基準にできる言葉が必要**です。そのため、言葉を投げかける側も具体的に「前回の受注量よりも上回るように」といった基準を盛り込んで話しましょう。

その判断基準は、比較することによってわかりやすくなります。「前回と比べて○○くらい」などは、まさに比較から判断基準が生まれている例です。あなたの言葉に、判断基準となる言葉をプラスアルファしてみてください。

第4章

シチュエーション別「言葉」の言い換え

時代とともに言葉の使い方も変わる

「父兄会」ではなく「保護者会」

この章では、言葉の使い方などに困ったとき、どのように対応や表現をしたらいいのかを立場や状況などのシチュエーション別に紹介しながら解説をします。

まず、言葉には、時代とともに変化しているものがあることをご存じですか？

実は、**言葉の言い方や捉え方が社会変化や価値観の変化に伴って変わっている**のです。例えば、「父兄会」「父母会」という言葉に違和感はありませんか？

園や学校の行事の1つですが、今は不快感を与える言葉です。「父兄」は男性のみを指し、男尊女卑にあたるからです。また「父母」は両親のいない子どもへの配慮が足りません。そのため、今ではどちらも使われず、今は「保護者会」と言っています。保護者であれば、たとえ両親のいなくとも、その代わりになる人が保護者になるからです。しかし、いまだ一部の学校では使っている学校もあります。

同じように、今では**「片親」ではなく「ひとり親」**、**「産婆さん」ではなく「助産師」**、**「床屋」ではなく「理容師」**、**「看護婦」ではなく「看護師」**というのが、ふさわしい言葉とされています。

世代間ギャップが生み出すスピーチロック

さて、皆さんは、宮藤官九郎脚本のＴＶドラマ「不適切にもほどがある！」をご覧になったことはありますか？

このドラマは、昭和と令和の言葉に対する感覚のギャップを浮き彫りにしており、非常に興味深い内容でした。昭和生まれの人にとっては何気ない言葉で、当たり前の言葉であっても、平成生まれの若者世代には不適切な言葉で、まさにスピーチロックを描いていると思ったドラマでした。

しかし、こうした現象は、現代のさまざまなシーンで起きています。例えば、昭和世代にとって当たり前の言葉でも、今の平成生まれの若者世代にとってはスピーチロックだと思う言葉は以下のようなものです。

「寝ずにやれ！」

「死ぬ気でやれ！」

「結果を出さなきゃ意味がないんだよ！」

「ノルマが達成できなければ、会社に帰ってくるな！」

などです。皆さんも何気なくこのような言葉を投げかけていないでしょうか。

これらは、まさにスピーチロックです。**「心理的安全性」を脅かす言葉**なのです。

このような言葉を投げかけられた人は、「この職場では安心して仕事に取り組むことができない」「言いたいことが言えなくなる」と感じるようになります。

ジェネレーションギャップを埋めるスピーチロック防止法

世代間ギャップがハラスメントを生む時代

ここでは、世代の違いによって生まれるジェネレーションギャップと、そこから端を発するスピーチロックをいかに防止するかについてお伝えします。

昨今では、ハラスメント対策の義務化から職場におけるパワハラやセクハラは減少傾向にあります。むしろ、**上司たちは、部下から「パワハラ」「セクハラ」だと言われることを恐れて、教えるべきことを教えなくなったり、言うべきことを言わずにいたりする**くらいです。

私は企業や全国の県社会福祉協議会のご依頼で虐待防止研修やスピーチロック対策

の研修を行なっています。その過程でわかったことがあります。

パワハラやセクハラなどのハラスメント対策や虐待防止が義務化になり、学びの機会も多くなっていますが、スピーチロックという言葉を知らない方々はたくさんいることです。

スピーチロックは、あからさまな暴言や強いダメージを与える虐待的な言葉ばかりではありません。誰もが、誰に対しても、どこでも言ってしまうのがスピーチロックです。振り返ると昔から存在していましたが、皆が気づかず、気にしていなかったのです。むしろ、当たり前と思っていたかもしれません。

現在、昭和生まれと平成生まれのZ世代の若者たちの間には、世代間ギャップによる**「無意識に生まれる悪意のないスピーチロック」**が生まれています。

スピーチロック防止をするためには、まずはこの世代間ギャップについて学ぶ必要があります。**世代間ギャップは、スピーチロック防止の重要なファクター**なのです。

先に挙げたとおり、ひと昔前は、よく「死ぬ気でやれ」「寝ずにやれ」などと相手に気合いを入れるために言っていました。でも、本当に相手に「死んでほしい」「寝ないでほしい」と思っていたわけではありません。指導の結果、なぜか力が入り、熱量が上がるとスピーチロックの言葉が口から発せられるのです。また、まったく悪気はないのに、スピーチロックの言葉が口から自然と出てきてしまい、それ以外の言い換え言葉が思い浮かばないという人もいたのだと思います。

しかし、**無意識から出た悪意のない言葉でも、言われた側からすればスピーチロック以外の何物でもありません。**言われる側の若い世代が我慢をすればいいという問題ではないです。若い世代が我慢すれば、スピーチロックがそのまま横行し、企業の生産性は次第に下がっていくことになります。もちろん、逆に若い世代が年長者に対して、あからさまに「ウザい！」「許せない！」「ダサい！」「横文字も知らないで、使ってるの」「もはや老害だ」とスピーチロックになりうる言葉を使うこともあります。

世代間ギャップを感じる言葉

ここで、年長者が使う世代間を感じる言葉をいくつか挙げてみます。

①「昔はこうだった！」

昭和世代が自分の経験や過去の出来事から発する言葉です。彼らは時代や社会の変化もすっとばして、昔も今も「時代が変わっても、人は変わらない」という大前提をもって話をします。まさに思い込み、決めつけのヒューマンエラーです。過去の価値観と現代の価値観のギャップを示していて、共感しづらい若者世代は行動をストップさせてしまいます。

ただ、どの世代にも「昔」があるから「今」があります。若者世代ですら、新人が入ってくると「俺たちのときは」と「昔」の話をしていますね。

②「見て覚えろ、聞くな！」

昔は、「見て覚えろ、聞いて覚えろ！」と言われて、上司の背中を見ながら覚えましたし、質問しようとすると「聞くな」と言われ、教えてくれない上司が大半だったように思います。自分自身が教わったことがないので、教えることができない上司も多く見受けられます。

確かに昔は、マニュアルデータや技能を伝承するためなどの動画もなく、見よう、見まねで覚える時代でした。自らメモを取り、身体で覚えていく時代でもありました。また、自分の感覚でこのくらいかなと手探りで判断する暗黙知がたくさんありました。教えるという「指導」はできても、教わる側に立って育てようという「育成」は苦手な人もいるでしょう。この言葉こそ、まさに、スピーチロックです。

③「若い者はすぐにあきらめる」

年長者が若者世代の忍耐力や努力の不足を指摘する際に、よく聞く言葉です。反抗心をあおり、忍耐やがむしゃらにやる精神、努力を惜しまないことを伝える叱咤《しった》激励なのかもしれません。

しかし、「すぐにあきらめる」と言われた若者世代は、そんなことを言われること事態がめんどくさいことなので、本当にあきらめてしまいます。それでは本末転倒です。

④「SNSしか見るものがないのか？」

若者世代は昼食時でも休憩中でも、片時もスマホを離しません。「休憩中くらい人と交流したらいいのに」「一緒にテレビを見たらいいのに」という年長者からの言葉をよく耳にします。

ただ、この言葉は若者世代のＳＮＳやインターネット文化を軽視する言葉に思えます。年長者にとってはＳＮＳもコミュニケーションであることが理解されにくいのかもしれません。

⑤「いい歳してそんなことも知らないの？」

知識や常識を求めるあまり、年長者が若者世代に対して使う言葉です。「いい歳」とはいくつなのか、というそもそも論になりますが、少なくとも「そんなことも知らないのか」は、上から見下した表現です。

もしかしたら、自分は年長者で経験も豊富なのだから、敬ってもらいたいという気持ちから発しているのかもしれません。

⑥「今の若者はラクをしている」

確かに少子化が加速し、労働力を担う若者世代が減少しているため、学校には推薦入学制度があり、就職活動もあまりしなくても、学生は企業からいくつもの内定をもらいます。さらに、企業も人材確保のため、あの手この手で優遇処置をしています。

そのため、就職氷河期やリーマンショックのときなどに就職する企業がなく、本当に苦労をした年長者は、今の若者世代はラクして就職していると感じるのです。

今では入社後もメンターやインストラクターなどをつけてもらったりするサポート制度もあり、自身の時代と比較しつつ、うらやむ意味で言ってしまうのでしょう。

⑦「がんばって働け!」

年長者が働くことについて説くときに使う言葉です。ただ「がんばる」という言葉には基準がありません。言われた若者世代は、「自分ががんばっていない」と言われているように受け取ってしまいますし、ワークライフバランスなどに代表されるように働くことへの認識が変わり、働き方も選択できる若者世代には、理解できないスピーチロックになりつつあります。

⑧「就職したら安定だよ」

終身雇用世代にとっては、大手企業や一流企業に就職することが安定と考えています。それが、生活基盤になるとも思っています。

しかし、今では転職する人、フリーランスで働く人など、選択肢が多いので、そのことを理解して会話をしてほしいものです。

⑨「昔は人と人が会って話をしていた」

メールや電話では伝わらないと思っている年長者はまだまだ多くいます。確かにコロナ禍以降、対面の重要性を言う方が増えたのは事実ですが、WEBの進化で利便性も向上したので、年長者は「対面がすべてではない」ことを理解したいものです。

⑩「もっと勉強しておけば良かった」

年長者が自分の経験から若者世代に対して使う言葉ですが、学歴偏重がいまだ残っているので、逆に若者世代にとっては、「だから何?」としか思われません。「勉強しておけば良かった」と言われても、愚痴か、ボヤキにしか聞こえません。

世代間ギャップを埋める対策

それでは、どうすればこうした世代間ギャップによって生まれるスピーチロックを防止できるのでしょうか？

年齢の差、時代の変化は変えられませんが、スピーチロックを防止するために意識できるポイントは大きく2つあります。

まず1つ目は、**「年長者が意識を変える」**ことです。

固定された考え方ではなく、時流を知り、思考をアップデートすることが必要であることを自覚しましょう。

時代も社会変化も大きく移り変わっており、従来の概念によるやり方を貫き通すことは難しいことを理解してください。自分の経験と実績からインプットした情報を、そのままアウトプットするのではなく、**過去ではなく未来を見据えて、その場の状況に合わせて情報の編集**をしてください。昔の情報だけに留めず、時代の変化に合わせ最適な情報に編集しましょう。情報編集能力を高めることで、先人として、未来へ導いてほしいものです。

そして、2つ目は、**「自分のために発言をしない」**ことです。

皆さんは、誰かに言葉を発するとき、その言葉をどんな目的を持って発していますか？

本来、組織で働いている人は、生産性を効率良く上げる行動を取っていると思います。それは、みんなで力を合わせて目的を達成するためです。一緒に働く仲間に対してコミュニケーションをとる場合も、好き嫌いで判断しないで、目的を達成するために相手が行動したくなったり、相手が気持ち良く望ましい行動を取ってくれたりするように伝えるための言葉を選んでいるはずです。

ところが、相手のために自分の意思を伝えるコミュニケーションが、いつの間にか自分の感情を発散させるためのコミュニケーションになっていることが一部の人に見受けられます。**自分が上司の場合、相手である部下に気持ち良く、実力を発揮してもらうのが「上司の本分」**です。それなのに、知らず知らずに、自分の感情を相手にぶつけてしまっていないでしょうか？

私は「組織で働く」ことは顧客のニーズ、つまり、「相手のために」行動することだと考えています。

時には「言わない」という選択肢もある

よく「コミュニケーションが苦手です」と言う人に出会います。採用試験の面接官をしている際、自分の弱みとして言います。彼らは素直にありのままの自分を伝えようとしているかもしれませんが、**自分の枠の中での会話になってしまい、客観的に物事を見ようとしていない**と感じます。

また、彼らには相手から異論を言われ、たしなめられると、気まずくなる傾向があります。その場合、「好き・嫌い」「良い・悪い」の自己判断ではなく、相手にどうしてほしいか、相手に行動してもらうために何を伝えるのかを考えて言葉を選ぶように指導しています。**利他の意識を持つことが大切**です。

むしろ、**自分の感情は言葉にしなくてもいい**のです。時には「言わない」という選択をしてもいいと思います。「言えない」と「言わない」は違います。

私は常に**「自分の機嫌は自分で取れ」**という言葉をお伝えしています。

特に、最近の若者は、自分の機嫌を自分で取ることができていない人が多いです。自分で考えたり、解決したりすることができずに、人にぶつけてしまう人や、逆に、考えることもせずに思いついたままに言葉にする人もいて、その言葉がそのまま相手に伝わってしまい、気まずくなってしまうのです。

もちろん、若者だけでなく、年長者にも自分の機嫌を取れない人もいますが、どちらも、**自分の機嫌を他人に取ってもらおうとする傾向**が見受けられます。あなたの機嫌は、親も取ってくれませんし、会社も上司も、先輩も取ってくれません。自分の機嫌は自分で取るしかありません。

こうした意味でも、世代間ギャップは、スピーチロック防止と密接な関係があるのです。

虐待防止につながる言葉の言い換え

「高齢者虐待」防止につながる言葉の言い換え

第1章でも述べているように、高齢者の虐待は「高齢者虐待防止法」によって5つの種類に分類されており、スピーチロックは心理的虐待に該当します。「高齢者虐待防止法」によって分類されている虐待は次の5つです。

①「身体的虐待」叩く、殴るなどの暴行、外傷や身体拘束など。
②「心理的虐待」脅し、屈辱、無視、嫌がらせ等の暴言、脅迫、無視など。
③「性的虐待」わいせつな行為をする、わいせつな行為をさせる、わいせつな映像

を見せるなど。

④「経済的虐待」財産を不当に処分する、金銭を与えない、使わせない。

⑤「放棄・放置」長時間の放置や隔離、身辺の世話や介助をしない。人間の切り離しなど。

厚生労働省による令和4年度の「高齢者虐待に関する調査」によると、介護施設での虐待の56・1%が「教育・知識・介護技術等に関する問題」であるとしています。一方で「虐待を行った職員の性格や資質の問題」はわずか9・9%となっています。

つまり、**個人の人格の問題ではなく、知識不足、教育不足から起こる**ケースが多いと言われているわけです。

では、高齢者虐待防止につながる言葉の言い換えを具体的に挙げていきましょう。

◉委縮させる言葉の言い換え例

「（認知症の人へ）何度も同じことを言わせないで！」

↓

「わかるまでお伝えしますね」「お困りの点を教えてくださいね」

「（失禁を繰り返す人へ）また漏らしたの！　どうせ失敗するでしょ」
←
「下着を替えるとさっぱりしますよ。着替えましょう」

「（徘徊する人へ）部屋から出るな！」
←
「お出かけですね。一緒にお部屋に帰りましょう」

◉屈辱を与える言葉の言い換え例

「（部屋が臭うため、換気する場合）うあ！　くさーい。死にそうな臭い」
←
「空気の入れ替えをしますね」

「そんなこともできないの?」「お尻ぺんぺんしますよ」などの子ども扱い
↓
「お手伝いをします。一緒にやりましょう」「お困りのことがあったのですか?」

「(食べこぼしに対し)汚い食べ方、ゴミをあさっているみたい」
↓
「○○さん、今日の献立は○○ですよ。一緒に食べましょう」

また、その他にも存在を否定する言葉や上から目線で利用者に話かける言葉、タメ口やあだ名で利用者を呼ぶことなどが虐待につながることとして挙げられています。

「児童虐待」防止につながる言葉の言い換え

次に、児童虐待についてですが、こちらも令和4年12月に「児童虐待防止対策に関する関係府省庁連絡会議」で決定されています。その背景としては、いじめ・嫌がらせに関する相談件数が過去最高になったことや、ひとり親の増加、ヤングケアラー問題が挙げられています。

児童虐待は、4つの種類に分かれており、高齢者虐待とは少し異なります。

①「身体的虐待」叩く、蹴るなどの暴行、激しく揺さぶる、溺れさせる、火傷を負わせるなど。

②「ネグレクト」家に閉じ込める、食事を与えない、ひどく不潔にする、病気でも薬を服用させない、病院に連れて行かないなど。

③「心理的虐待」兄弟の差別、子どもの目の前で家族に暴力を振るう（面前DV）など。

④「性的虐待」性的虐待、性的行為を見せる、被写体にするなど。

児童虐待は、56・3%が心理的虐待で大半が言葉によるものでした。いかに、子どもへの声かけや言葉選びが大切かわかります。子どもへの言葉については、246ページの「スピーチロック子育て編」で改めて詳しく解説します。

「ハラスメント」防止につながる言葉の言い換え

職場におけるハラスメント発言例

虐待と同様に、大企業は２０２０年６月から、中小企業は２０２２年４月から、厚生労働省が「職場におけるハラスメント防止措置」を事業者に義務化しました。その定義は次の３つです。

①優越的な関係を背景とした言動。
②業務上必要かつ相当な範囲を超えたもの。
③労働者の就業環境が害されるもの。

また、厚生労働省のHPには、パワハラの6類型が公表されています。それが次に挙げるものになります。

①身体的攻撃
②精神的攻撃
③人間関係の切り離し
④過大な要求
⑤過小な要求
⑥個の侵害

なかでも「パワハラ」が常習化されており、事故や事件につながる場合は、弁護士や地域の労働基準監督署などへ相談が寄せられた案件もあります。

職場におけるハラスメントの具体例からスピーチロックにあたる言葉を見ていきま

しょう。

◉身体への加害をほのめかす言葉

「殺すぞ！」「殴るぞ」「叩くぞ」「火をつけるぞ」

この他にも言われた側が恐怖を感じ、身の安全が脅かされると思う言葉は多くあります。当事者はとても穏やかな気持ちではいられないでしょう。言葉の暴力、暴言そのもので、そこに暴力行為がなくとも、言ってはならない言葉です。

◉自由を侵害する言葉

「逆らったらオマエなど転勤だ！」「この業界で生きていけないようにしてやる」

「俺がその気になったらお前なんぞ、クビは簡単だ」

これらの言葉に実害や危険はないにしても、言われた人の人生や生活に深く関わったり、働きづらさを与えたりして、心の傷になっていきます。

◉名誉や評価を下げる言葉

「使えない奴だ」「○○を言いふらしてやる」「社長に言いつけるからな」「給料泥棒」

これらの言葉は、評価を下げて、働きづらくさせるので、当然「スピーチロック」の言葉です。なかには働く人の名誉や評価を下げるパワハラが会社や組織ぐるみで行なわれていて、不当な人事評価から誤った降格や減給が行なわれたケースもあります。

その他にも、こんなものがあります。

◉人に知られたくない秘密を暴露する

「病気を隠していることを言うぞ」「お前の家族のことをばらすゾ！」

◉プライベートな話題を業務に持ち込んで非難する

「この間、仕事を休んで○○と旅行していたね」「結婚しない人間は仕事もできない」「早く身を固めて落ち着いてくれないと仕事を任せられない」

◉ミスしたことをいつまでも繰り返して非難する

「どうせ同じ失敗を繰り返すよ」「あのときの失敗は忘れないからな」

◉他人からの悪評を聞いたと言って孤立させる

「○○さんが悪口を言っていたよ」「みんな、あなたのことを厄介者って言っているよ」

◉価値観を否定する言葉

「その考えは根本的におかしいよ」「その発想はあり得ない！　間違っている」

など、さまざまなケースがあります。

このように、ハラスメントは暴力行為がなくとも、言葉だけでも心身の不調につながる危険性は高く、心療内科へ受診する人がいたり、臨床心理士の面談を受ける人がいたりするなど、正直、相談も多いのが実状です。

しかし、「言った、言わない」論争になった場合などは、単にキツイ言い方だけでは、パワハラにならないと弁護士は言います。

パワハラは、周囲の状況などを客観的に見て、該当するか判断されるからです。そのため、パワハラを相談する際には、まず、**発言の目的が何かを知り、発言の経緯やその背景からどのような状態になっているか、さらに発言の回数や頻度、影響度を必ず時系列で記録**しておいてください。もちろんパワハラの言葉は暴言であり、これらはすべてスピーチロックにあたります。

「セクハラ」につながる言葉

また、パワハラとは異なりますが、「セクハラ」も大きな問題です。セクハラは、セクシュアルハラスメントの略であり、**職場内での性差別的な発言、性的な言動によ**

る嫌がらせのことです。

警察に被害届が出されるなど、犯罪につながるような事件性の高い重度のセクハラもありますが、**最も多いのが「セクハラ発言」**、つまり、言葉によるセクハラです。

親しくなりたくても、ボディタッチを交えた馴れ馴れしい発言は禁物です。たとえ、相手が気を使って合わせてくれていたとしても、度を超す下ネタや卑猥《ひわい》な言葉、相手の嫌がる行動や言葉を執拗に繰り返すことなどは避けるべきです。節度を持って発した言葉で伝えてください。

ジェンダーバイアスによる発言も要注意

最近ではセクハラに該当しなくとも、「ジェンダーバイアス」による言葉にも気をつけるべきです。「ジェンダーバイアス」とは、**「男らしさ」「女らしさ」といった観念を基に男女の役割を固定的に考えることに加えて、性差に対して差別や偏見を持ち、行動すること**などを指します。

ジェンダーは「性」、バイアスは「偏見」という意味で、職場や家庭など、さまざまな場面で気をつける必要があります。
具体的には、次のような言葉です。

「男のくせに、女のくせに」
「男の子は泣かない」
「女は不浄（※トンネル工事の掘削現場で神がお怒りになるという考えから）」
「男の子は青、女の子はピンクの色」
「イクメン（女性は子育てをする概念が強く残っている）」
「リケジョ（理系の女子を表す言葉）」
「ドボジョ（土木会社で働く女性）」

などです。これらは、**社会において規定される男女の役割や態度、行動などの性差を決めつける固定観念や先入観が生む言葉**と言えるでしょう。

これは指導？　セクハラ？

ただし、変に相手に指摘をしたり、矯正しようとしたりするのは、セクハラと捉えられかねませんので避けたいところです。

例えば、「目のやり場に困るような胸元が大きく開いている服」を着ている女性がいるとしたら、女性の私でもひと言言いたくなるかもしれません。しかし、男性が直接、本人に言うとセクハラと思われるかもしれないので、間接的に伝えるなど工夫が必要になります。

また、ある学校の事例ですが、講堂に集まってお客様を迎えるにあたり、生徒には両膝をつけ、足を整えて座ってほしかったので、男性教諭が女子生徒に対して「股を閉じるように」と言いながら、両膝を手でグッと閉じさせたそうです。対義語の「股を開け」は、当然セクハラですが、教諭はスカートをはいている女子生徒の下着が見えてしまうから、両膝をつけて股を閉じる姿勢をしてほしかっただけです。しかし、その結果、この言葉と行為がセクハラに相当すると、口頭注意になりました。

触ってしまったことが一番の原因ですが、**セクハラを防ぐために言った言葉がセクハラになった**のです。この件は、教育委員会に投書があって問題になったそうです。もし、女性教諭が代わりに同じことを発言したら、セクハラにはならなかったと思われます。

このように、現代において「セクハラ」だと認定される言葉には、共通点があります。それは、**性別に根ざした固定観念や先入観が含まれている**ということです。

女性はこうあるべき、男性はこうあるべき、あるいは、女性らしさ、男性らしさなど一概には言えない場合が多く、相手からの強い訴えや心身の不調状況から、このような考え方や価値観、言葉などはNGです。**セクハラの言葉こそ、言い換えができないことが多いので、そもそも「言わない」ということが正解**になります。

「おしゃれ」と「身だしなみ」を混同してはいけない

その他にも**「女性らしい服装をしろ！」**という言葉を耳にしたことがあります。女性にとって、どのような服装がふさわしいのでしょうか、これがもし、企業の内部の話ならば社内で解決することができます。個人間の問題にせず、職場の身だしなみについてのルールを定めるように働きかけるのも一案でしょう。

「職場でおしゃれしてもいいじゃないか」と思うかもしれませんが、**「おしゃれ」と「身だしなみ」は違います。**おしゃれは自分の好み、自分らしさのために行なうものですが、身だしなみは、周囲の人に不快感を与えないように、服装や髪型などを整えることを意味しています。「身だしなみ」は、「身をたしなむ」という言い方が名詞に変化したものであり、「たしなむ」とは、**「見苦しくないように整える」**という意味です。つまり、「身だしなみ」は周囲の人から見て見苦しくない程度に身を整えるということです。

その場にふさわしくない服装ならば、身だしなみができていないので、それは会社全体でルールを定めて改善していくことです。

すでに大手飲食店では、身だしなみを「多様化」と捉えて、「髪色自由化」を推進しています。業界や職種など状況に合わせて、判断の基準を話し合うことが大切です。

「クレーマー」対策のための言葉

「カスハラ」対策も義務化へ

現在、にわかに注目を集めているハラスメントに「カスタマーハラスメント（カスハラ）」があります。

X（旧Twitter）などのSNSでは、連日飲食店における客の理不尽なクレームが投稿されたり、販売店舗の従業員が土下座姿で謝罪させられる動画がYouTubeにアップされたりしています（※現在、削除されています）。

また、企業のお客様対応窓口や本社総務、受付、コールセンターなどにも、日常的に、理不尽なクレームが寄せられており、その対応にあたっている従業員の中には、あまりのストレスから次第に心身の不調を訴える人もいるようです。
厚生労働省もハラスメント対策を重要課題としている昨今、カスハラ対策も義務化に向かうかと思われます。私は長年、企業、官公庁ではクレーム対応やハードクレーム（不当要求、常識逸脱）の防止対策の研修や判断指標を策定してきていますので、スピーチロックの観点からどのように対処するべきかお伝えします。

「クレーム」「苦情」「リクエスト」の違い

まずは、クレーム、苦情、リクエストの違いについて説明しておきたいと思います。クレームや苦情、リクエストが同じ概念だと思っている人がいますが、実際にはこの3つの言葉の定義には違いがあります。さらに、企業ごとにこれらを判断する定義や指標は異なっています。

◉クレーム（claim）……賠償や保証を要求すること。

◉苦情（complain）……不平や不満といった心理や感情の要求すること。

◉リクエスト（request）……意見、要望。前向きな課題解決をして、問題と捉えない。

業界によっても考え方は異なりますが、なぜ3つに分けているかというと、**なんでもかんでもクレームとかクレーマーと安易に言うことが多い**からです。現代は、人手不足から思うように対応できなかったり、自然災害の影響から物流においても遅延が起きたりしていますので、**カスハラだけに着目をしてしまうのは危険**だと考えます。

さて、**「クレーム」と「苦情」の境界線**（不当要求や常識逸脱）についてです。

例えば、自動車なら、エンジンをかけて、安全に運転でき、停車ができるといった、最低限の満たす要件がいくつか存在しています。ここで知っておいてほしい考え方が**「品質管理」**です。業界や職種によって異なりますが、例えば、製造業における品質管理は、製品やサービスの品質を一定の水準に保ち、顧客満足を向上させるための活動です。英語では「QC」（Quality Control）と呼ぶこともあり、お客様の要求事項を満たすことと位置付けられていて、製品のクオリティの追求を目指します。

もし、購入した自動車が、求められてしかるべき品質を実現できていなかった場合、その不具合は、当然、メーカーもしくは販売店に文句は言っていいことになります。例えば、警告灯が点滅して、運転に支障がある場合などです。

この品質管理における明らかな不備や要件を満たしていないことについての文句は「苦情」だと定義します。苦情に関しては、その組織が一丸となって改善に取り組まなければならないものであり、企業側は不具合発生に対し応急処置をして、再発防止に努めなければいけないので、苦情が寄せられたことをむしろ感謝しなければなりません。ただし、品質管理の考え方をモノではなく人にも応用してしまい、お客様の言うことはなんでも聞くという「お客様は神様」という考えが生まれたのもまた事実です。

一方、クレームとは、顧客から企業への文句であることは苦情と変わりませんが、次の2つの条件を備えている特徴があります。

まずは**「不当要求」**です。顧客が、ある企業の商品を購入し、それに対して不満を持ったとします。その不満を解消するために、不当な賠償金を要求してきた場合などが、この「不当要求」に当たります。

次が**「常識逸脱」**です。顧客が、常識的な範囲をはずれた内容の要求をしてきた場合は「常識逸脱」になります。例えば、同じクレームを毎日半年以上にわたって電話をかけて伝えてくる場合などは、完全に常識を逸脱した行為でしょう。

これら2つの条件を備えているものは、苦情ではなくクレームになるというのが、多くの企業における定義だと考えて差し支えないと思います。また、企業によっては、**「金銭の要求」**が含まれているかどうか、お金が発生する問題かどうかで苦情とクレームを分けているところもあります。

金銭的な補償はいらないので、商品の品質を改善してほしいから文句を聞いてほしいというのは**「苦情」**であり、品質改善についてはどちらでもいいが、自分の受けた損失を金銭的に補償してほしいというのは**「クレーム」**です。

企業が品質管理を適切に行なうためには、お客様からいただく「苦情」は必要ですが、「不当要求」と「常識逸脱」を備えたクレームについては、それに対する専門的な知識に基づいた対応が求められます。

クレームの種類（一例）

◉「モノ・サービス」……依頼したものと違った、質が悪い、サイズが違う。

◉「人」……感じ悪い、電話でたらい回しにされる、言葉が足りない、謝らない。

◉「情報」……問い合わせしてから1週間経っても連絡がない、明確な説明がもらえない、依頼した型番が違う。

◉「金銭」……修理代が初めの説明と違う、製品の割には見積もりが高い。

◉「システム」……部品を発注したら別々に送られてきた、一元化されていない。

◉「法律」……契約と違う、マニュアルどおりにしたらケガをした。

クレーマーのタイプ別の対処法

クレームと苦情の違いについて理解したところで、続いてクレーマーへの対処法を学んでいきましょう。

次ページの図のようにクレーマーにはいくつかのタイプがあり、それぞれに合わせた対応のポイントが存在しています。

例えば、**「短期・感情移入型」**のクレーマーには、言葉や態度を丁寧にして対応することが望ましいでしょう。また、対面の場合には、椅子に座らないことも大切です。終始落ち着きを失わないようにしながら、迅速かつ機敏な動作で対応するようにするといいでしょう。

「専門力・博識型」には、深いあいづちを何度も打って、相手の話を聞いていることを伝えるようにします。さらに、接続詞「それで」や「それは」などを使うことを意識しましょう。相手の好みと興味を見抜いて対応をすすめていきます。

また、相手の話していることをこちらが仮に知っていたとしても、そのことについては何も言及しないほうがいいでしょう。

このように、クレーマーにはさまざまなタイプがあり、それぞれのタイプごとの最適な対応があります。

クレーマーのタイプ別の対処法

タイプ	応対のポイント
気の長い・ だんまり型	考えながら話をしているか、言いたくないのかを 見極める。せかさないでじっくり聞く姿勢を見せ、 自信をもって対応する。
気が短い・ 感情混在型	一緒になってこちらの感情を出さない。言葉遣いに気を つけて丁寧に話す。落ち着きを失わないように、 迅速な対応、機敏な動作が求められる。
おしゃべり・ 長話型	話の腰を折らない。最後までひたすら聞く。 タイミングを計る。
専門力・ 博識型	あいづちを深く何度もする。接続詞（それで、それは）を 使う。好み、興味と関心を見抜いて、対応を進める。 知っていても言わない。
横暴・権威型	言葉や態度に反応せず、本音、真意を見極める。 優遇をする。
論理・理屈型	目的や結果を先に話す。端的で具体的に成果が見える ようにする。根拠や原因を話す。話を逸らさない。
答えがない・ 優柔不断型	選択肢を提示する。結果や効果を先に伝えてから 提案する。助言役に徹する。
皮肉・ 猜疑心型	相手のペースにはまらない。感情移入をしない。冷静で 客観的に相手の疑問点を把握する。相手のゴールは なにかを見抜く。
無愛想・ 無口型	顔の表情、声の表情、動作から読み取る。 あいまいな質問はしない。相手の顔を見るのではなく、 体全体を観察する。具体的な提案をする。

典型的なクレーマーの言葉の一例

ここで、苦情やクレームなどでよく耳にする言葉の一例を紹介しましょう。

◉「責任者を出せ!」

問題が解決されないとき、上位の人物に対応を求めることが多い。

◉「こんなことは初めてだ!」

自分の経験では、これまでにこのようなことが起きたことがないと強調する。

◉「どうしてこうなったのか説明しろ!」

何が起きたのか具体的な説明を要求する。

◉**「これは詐欺じゃないのか？」**

サービスや商品に対する不信感から、詐欺を疑うような表現をする。

◉**「他の店ではこんなことなかった！」**

他の店舗やサービスとの比較を持ち出し、不満を強調する。

◉**「お金を返せ、返金しろ！」**

商品やサービスに納得がいかない場合、返金を要求することが多い。

◉**「対応が悪い！」**

スタッフの態度や対応に対して、感情的に不満をぶつけることがよくある。

◉**「こんなサービスじゃ誰も満足しない！」**

サービスや商品が基準に達していないと感じていることを主張。

◉「このままだとSNSで拡散するぞ！」

ソーシャルメディアを使った公開を示唆して、圧力をかけることがある。

◉「二度と利用しない！」

強い不満を示し、将来の利用を拒否することでプレッシャーを与える。

これらが、よくある典型的な例です。状況や顧客によって言葉遣いが異なる場合もありますが、言葉に特化してお話をすると、**感情を表して強い不満と要求を示す言葉**が多く見受けられます。これに対応する人は、ストレス過多になり、自分では発散できなくなる人も見受けられますので、周囲のサポートが必要です。まさに、これがクレーム対応で起きる「スピーチロック」なのです。

クレーム防止の極意12カ条

「スピーチロック」が起こらないように、これらに対応できるクレーム防止の極意12

カ条をご紹介します。クレーム対応に当たっている人は、これら12カ条をよく理解した上で、行動の指針とするといいでしょう。

①初期対応では、丁寧な言葉遣いを心がけて、メモをとりながら確認する。
②まずは、感情を害してしまったことのみを相手の目を見て謝罪する。
※「ご不快な思いをさせてしまい誠に申し訳ございませんでした」と原因などの状況把握ができていない初期段階では感情に焦点を当てる。
③クレームが発生した理由の8割はヒューマンエラーで、こちらにも非があるかもしれないことを認識しておく。
④こちらに非があるかないかに関係なく、常に低い姿勢で接することを心がける。
⑤お客様に了承してもらい、顧客にも見せることができる記録を取る。
※要求事項、理由、背景、状況変化を5W1Hに時系列で箇条書きにまとめる)
⑥共感、あいづちを多用する。
⑦こちらの初動対応しだいで、クレーマーになる可能性がある。
⑧相手の言い分をひたすら聞く。

⑨「苦情三変の原則」で、人・場所・時を変える。
⑩相手と自分の立場を入れ替えて考えて言葉を選ぶ。
⑪複数の提案（代替案）を用意して、お客様に選択してもらうようにする。
⑫社内の報連相は、上司らとその都度、共有する。

⑨の「苦情三変の原則」とは、クレームが長期間続いている場合、対応する人を変えてみたり、話し合う場所を変えてみたり、時間帯を変えてみたりすると、クレーマー側の対応が変わることがあるということです。

典型的な応対「謝罪フレーズ」

◉クレームの基本となる初動対応の謝罪

「このたびはご迷惑をおかけし、大変申し訳ございません」

◉顧客の感情に配慮し、誠実な謝罪を表現

「お客様のお気持ちをそぐような対応をしてしまい、心からお詫び申し上げます」

◉サービスの不備や手間を取らせてしまった場合に適した謝罪

「ご不便をおかけしましたこと、深くお詫び申し上げます」

◉配送の遅れや納期の問題に対する謝罪

「お届けが遅れてしまい、ご迷惑をおかけしましたことをお詫びいたします」

「こちらの不手際で、ご期待に添えず申し訳ございませんでした」

◉商品やサービスの質に関して、期待に応えられなかった場合の謝罪

「担当者の対応が不適切で、ご不快な思いをさせてしまい申し訳ありません」

◉スタッフの対応に問題があった場合の謝罪

「私ども（弊社）のお伝えした内容に誤りがあり、大変ご迷惑をおかけしましたこと、お詫び申し上げます」

◉誤った情報や説明によるクレームへの謝罪

「ご指摘いただき、ありがとうございます。今後は細心の注意を払い、改善に努めてまいります」

◉クレームを受け入れ、改善に向けた姿勢を示す謝罪

「お手数をおかけして申し訳ございませんでした。すぐに対応させていただきます」

◉顧客に手間をかけてしまった場合の謝罪

「お客様の貴重なお時間を頂戴してしまい、誠に申し訳ございませんでした」

◉時間の損失に対する謝罪

「ただちに再確認し、○○までには状況をご連絡いたします」

「今後、このような問題が起こらないように、社内会議を開き、防止に努めてまいります」

「ご迷惑をおかけしたことを重く受け止め、今後の対応を強化いたします」

苦情やクレームに対する初動対応が甘いと、火の粉のように拡がりますので、初期消火が原則です。

特に、**謝罪のあとの対応が重要**で、応急処置からの再発防止に努めるのはもちろん、問題解決に向けた行動や改善策を伝えることも、顧客に安心感を与えます。リスクを想定して未然に防ぐ**「先手管理」**を心がけてほしいものです。

ビジネスシーン（職場）で防ぐ言葉

「存在を認める」大切さ

目まぐるしい社会変化や価値観の多様化に合わせ、職場環境も整えていく必要があります。2030年までに、労働人口は1000万人以上減少すると言われています。働き手を求めても、なかなか見つからないという採用難の時代です。学生が企業を選ぶ時代になり、企業は選ばれるための雇用制度や福利厚生の見直しなど、働きやすい環境の整備が求められています。

ある製造業の企業は、長期方針に「企業の成長は、個人の成長、個人の成長は、企業の成長」というスローガンを掲げています。また、組織力を向上するため、承認レベルを策定した企業もあります。

大事なのは**「存在を認めることから始める」**ことです。

承認のレベルは大きく5つあります。一緒にいる時間が長い働く仲間だからこそ「存在承認」から「結果承認」まで、**認めることの見える化**をしてモチベーションをあげる取り組みが必要なのです。

◉**レベル1「存在承認」**……一緒に働く仲間として互いに名前を呼び、挨拶など、より良い関係性づくりをする。

◉**レベル2「意識承認」**……考え方や取り組む姿勢、問題意識を持つことを認めてほめる。

◉**レベル3「行動承認」**……実行したことを承認し、共感する。

◉**レベル4「プロセス承認」**……結果よりもまずは行動したプロセスを認め、努力を認める。

◉**レベル5「結果承認」**……目標達成から成果が上がった、1人でできるようになったことをほめる。

存在承認を認める言葉事例
（医療・介護福祉系）

	スピーチロックにあたる言葉	言い換え例
声かけ・挨拶	おはよう おはようございます	○○さん、おはようございます
	もう寝る時間だから、おやすみなさい	○○さん、横たわると身体が楽になりますよ
	眠れないかもしれないけど、 おやすみなさい	○○さん、いい夢が見れるといいですね
	体調はどうですか？	今朝（断定する）のお目覚めはいかがですか？
	痛いところはないですか？	気になるところはありますか？
	どうしますか？	いかがいたしましょうか？ （謙譲語、自分の行為に対して使う）
	どうしたいのですか？	どのようになさいますか？ （尊敬語、相手の動作や存在に敬意を払う）

「できる上司」は良い言葉を持っている

私は、企業、官公庁などで年間500回の研修を担当しており、その受講者数はのべ12万人を超えました。そこで企業の課題やご相談をよく受けます。

人間関係については、やはり言葉が存在しています。時に、言葉は「武器」にもなりますし、「凶器」に代わってしまうこともあります。言わないほうが良かった、言い過ぎたと思うこともあると思います。ただ、残念ながら、**話したことは消しゴムのように消せません。**

私が「できる上司」と考える人は以下のような人です。

- **◉良い言葉を持っている人**
- **◉心と動かす言葉ができる人**
- **◉相手が行動できる言葉を持っている人**

つまり、**人が気持ちよく動く伝え方ができる上司**です。

ですから、上司こそ「言葉」を磨いてください。**上司のひと言が部下を元気にさせ、やる気を後押しすることで、部下は成長します。**

ただ、時代の変化に合わせ、今までとは考え方も変えていかなければと思っている上司の方は、パワハラやカスハラなどのハラスメントにあたるのではと口をつぐんでしまう人が多くいます。

多くの上司は、自分の業務と部下の指導育成に悩んでいるのが現実です。

そんな上司の方に良い言葉があります。それは、**感謝や労いという人間関係の基本の言葉をすぐに口にする**ことです。

①感謝や労いという人間関係の基本の言葉

「ありがとう」

「〇〇さんのおかげです」

「助かりました」

「ありがたい限りです」

こんな簡単な言葉ですが、あとで言おうと思って言えなかったり、当たり前だからと言わなかったりする上司もたまにいます。

問題なのは、部下のやる気を阻害したり、指導という名のもとに厳しく鍛えようとしたりする上司です。これは「スピーチロック」です。部下のやる気を阻害する上司の言葉を具体的に挙げておきます。

②部下のやる気を阻害する上司の言葉

「なんでこんな簡単なこともできないんだ?」

「同じミスを何度も繰り返しているな」

「これだから使えない」

「誰に尻ぬぐいをしてもらっていると思っているんだ」

「できない奴は文句ばっかり言うな」

このように、否定的でマイナス・ネガティブなフィードバックや押し付けがましい批判ばかりを言う上司は、部下の努力を認めず、やる気を阻害します。

また、部下に対する叱咤激励の仕方が間違っている上司も問題です。彼らは次のような言葉を使います。

③部下の成長を止める、比較をして間違った叱咤激励をする言葉

「君がいったい何を考えているのか！　まったくわからない、わかりたくもないな」

「誰がやっていいと言った！　10年早いんだよ！」

「俺の時代には、上司にそんな口を利かなかったよ！」

「Aさんを見習ったら！　Aさんはやることが早いよ」

「みんなに迷惑をかけていることもわからないのか！　同期を見習えよ！」

このように「比較や競争を強調するとやる気になる」と考えてしまう上司や感情が先走ってしまう上司は、やり方を改めてください。他の部下や同僚と比較することは、嫉妬心や不満の要因となります。

また、過剰なプレッシャーをかけてもいけません。必要以上のプレッシャーや無理な要求をすることは、ストレスを生み、モチベーションを下げてしまいます。もちろん、次のような不明確な言葉を投げかけてもいけません。

④不明確さの言葉

「ちゃんとして」

「これくらいできるだろ！」

「そんなこと、どっちでもいいよ」

「当たり前のことを聞くな」

「これができなかったら意味がない」


自分が忙しかったとしても、「あとにして」「ちゃんとしておいて」と不明確なあいまいな言葉を多用すると、部下はどう行動すればいいか迷ってしまい、モチベーションが低下します。

また、部下の提案や意見を聞き入れず、上司が一方的に指示するだけでは、部下は自分が軽視されていると感じ、やる気が失われます。

⑤部下の提案を軽視する言葉

「そんなこと考えるな、指示どおりにやればいい」

「今は関係ない話をするな」

「どっちでもいいんだよ、やればいいんだ」

「自分で考えろ！　お前のためだ！」

「任せたから、とりあえずやってみたら？」


このように、あまり関与をしたくない、そんな時間もないと、具体的な言葉やアドバイスもなく、言葉というボールを投げたままにしている上司もいるようです。

できる上司が使っている言葉

では、逆に良い言葉とはどんなものでしょうか？

先ほど「承認」の段階レベルを策定した事例をご紹介しましたが、ここで、部下をやる気にさせる言葉がけを具体的に紹介しましょう

①部下がやる気になる上司の言葉がけ

「本当によくやってくれた。お客様からおほめの言葉をいただいたよ」

「あなたのおかげで○○が成功しました。ありがとう！」

「いつも丁寧な仕事をしてくれて本当に助かります」

「すばらしい資料だったよ。見やすいしわかりやすかったよ」

「君なら、次も任せても大丈夫だね」


感謝や承認、期待、励ましを含む言葉が効果的です。さらに、感謝の言葉だけでなく、具体的に、その理由や成果になったことを加えることが大切です。

②成長や挑戦を促す言葉がけ

「次はこのプロジェクトを担当してもらいたい。君ならきっと成功できると思って

います」

「今回の経験を次に活かして、さらに成長していきましょう」


新しい挑戦や成長を促す言葉を使うことで、部下のモチベーションを引き出します。

③信頼を示す言葉がけ

「君ならこのタスクを任せられると思う。期待しています」

「自由に進めていいよ。結果を楽しみにしています」


部下に対する信頼を示すことで、自信を持たせ、やる気を高めます。

④前向きな励ましの言葉がけ

「失敗しても大丈夫。そこから学んで次に生かせばいいんだよ」

「次は必ずうまくいく。今までの努力が実を結ぶときが来るから」

失敗や困難に直面したときに、前向きな言葉で励ますことが大切です。

⑤共感とサポートを示す言葉がけ

「大変だったね。何かサポートが必要なら、いつでも声をかけて」

「難しい案件でも、前向きに取り組んでくれてホッとしました」

部下が困難な状況にいるとき、共感しつつ支援の姿勢を示すことで安心感を与えます。

このように、**部下の気持ちに寄り添い、成長と成功を支援する言葉がけ**を行なうことで、彼らのやる気を高め、チーム全体のパフォーマンス向上にもつながります。

「教えない上司」を「教える上司」に変える

ハラスメントを気にしすぎて「教えない上司」が増えている

ここまでお読みいただくと、上司がいかにたやすくスピーチロックを発しているのか、おわかりいただけたのではないでしょうか。

しかし、スピーチロックの言葉を知っただけでは、あなたのコミュニケーションは改善されません。使ってはいけないスピーチロックを知った上で、その代わりにどういう言葉を使い、どのように教えるのかを知らなければいけないからです。

近年、パワハラやセクハラが社会問題化しており、パワハラ、セクハラの地雷を踏まないように、**部下から距離を置いて接してしまう上司も増えています**。すると、部下に教えるべきことも**「教えない上司」**になってしまうことがあります。

新人社員が入社したら、計画に基づいた教育カリキュラムで指導し育成するでしょう。しかし、**最近の若者世代は、すぐに「答え」を知りたがる傾向**にあります。グーグルで検索すればすぐにいろいろな情報を調べることができ、ChatGPTに聞けば最適な正解を教えてくれるので、仕方のないことかもしれません。そんな若者世代に教えずに「見て覚えろ」と突き放すと、「自分をもっと飛躍させたい」と思っているタイプの若者は、仕事を辞めてしまうかもしれません。

「教えない」ことは、言葉なきスピーチロック

まず、**「教えない」ことは、スピーチロックの一種**であると自覚しましょう。教わっていないと、部下はわからないからと不安になったり、どうしたらいいのか焦ったりしてしまうなどの**心理的な抑制**がかかり、そのせいで**心理面**だけでなく**行動も拘束**

されてしまいます。それが、結果的に重大なミスにつながることもあります。

では、「教えない上司」になっている人たちを、「教える上司」に変えるためには、どうしたらいいのでしょうか。

まず、部下の目線に立ち、相手の理解度に合わせて、どのような方法で教えたらよいのか、**計画**を立てます。

次に、**ゴール設定**をした上で、**期限から逆算して期間や時間を決めます**。

それから、**どこまでの範囲を誰がどのように教えるのかを決めます**。

その後、**相手の状況をよく観察し把握して、問いかけをしながら確認**をします。

それぞれの進捗には個人特性がありますので、箇条書きにしたり、図表を用いたりして記録を取っていきながら、相手に合わせた教え方を模索しましょう。

いずれにせよ、**「教えない」ことは言葉なきスピーチロックである**ことを理解してもらうことが、「教える上司」になる第一歩になります。

「部下の目線になって教える」とは?

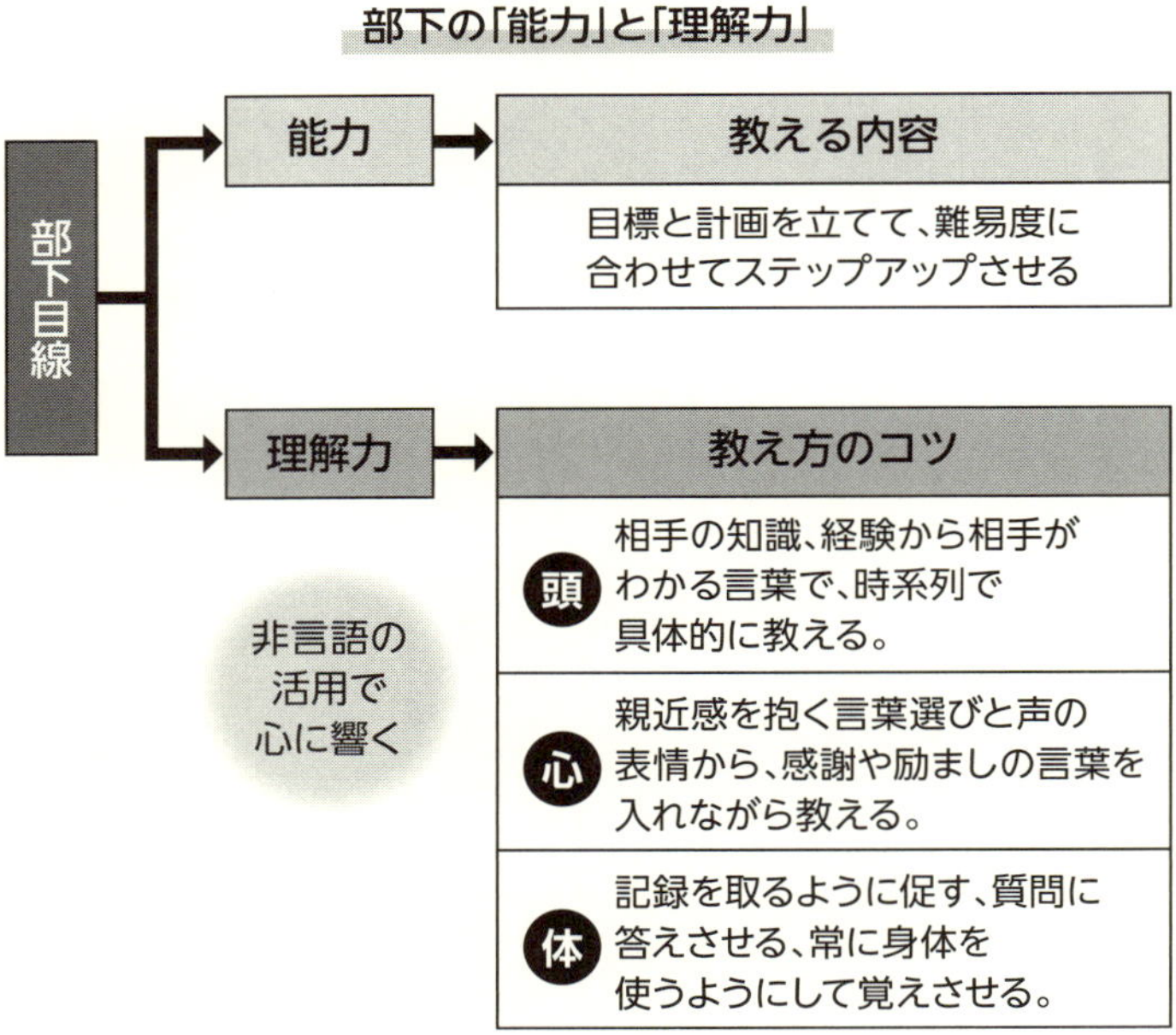

教える基本の3つのポイント

ここで「3つの教える基本」をお伝えします。

①知らないことを覚えるまで教える

新卒として学生から入社した人と接するとき、「社会人としての心構えや会社概要、業務内容などは当然ウェブサイトで見ているはず」と決めつけてはいけません。実際に案内し、会社の中を見学させるようにしましょう。

最近は企業説明会などがオンラインで行なわれることが多くなっていますので、実際に働いている現場を一度も見ずに就職を決めてしまう学生も増えてきています。

また、即戦力として中途採用された人についても、「前職と同じ仕事だから」「経験があるからすぐに使える」と決めつけるのはNGです。実際には前職とは異なる環境に置かれているわけですから、すぐに適応できないものです。

このように「知っているはず」「できるはず」と決めつけることをせずに、相手が知らないことを覚えるまで教えるということが大切です。

②できるようになるまで辛抱強く教える

「人間、頭ではわかっていても、実際にやってみるとできない」ということはよくあります。知識は、定着すると知能になり、身体が技術を覚えると技能になります。頭だけで理解していても、知識や技術でしかないので、すぐにはできないのは当たり前です。

それを、「なんで教えたのにできないんだ！」と怒ってはいけません。それでは完全なるスピーチロックになってしまいます。相手がきちんと「できるようになる」まで、辛抱強く教えるようにしましょう。そうした手間をかけることで、のちのち上司であるあなたも結果的には楽になります。

③間違った行動（作業）を正しい行動（作業）に変える

教える基本の中で最も難しいのが、この「間違った行動を正しい行動に変える」です。

人間は一度身につけた知識や技術が間違っていた場合、たとえ正しい方法を教えられても、なかなかリセットすることができません。

頭や身体に染みついてしまっているので、惰性で同じ間違いを繰り返してしまうことがよくあるからです。そのため、中途採用で入ってきた人材が前職で身につけた知識や技術が新しい環境には合わなかった場合、それを矯正してもらうには時間も労力もかかるということを覚悟してください。

教える基本の3つのポイントを押さえた上で、さらに**「部下の目線になって教える」ことも意識する**ようにしましょう。あなたが上司である場合、上司としての目線で教えている以上、相手が「理解しているか」「どんなことができるか」については、よくわからないまま教えることになります。部下の目線まで下がってみて初めて、相手の能力や理解力を知ることができます。相手の立場に立って、どう教えればいいかを考えてみてください。

業務においては、**部下の能力を正確に把握して計画を立てる**ようにしましょう。新入社員なら、やるべき範囲はここまでと定めるようにします。また、「ここまでの範囲をやって」と指示したとしても、個人によって特性は異なります。もし、言葉で教えるだけで理解できないなら、部下の気持ちに寄り添ったり、共感したり、メモを取らせたり、図で示したりと、**相手に合わせた教え方を模索**しましょう。

部下に教えるときの言葉の選び方

間違えがちな言い回し

それでは、目上の人として目下の人に仕事を教えるシチュエーションでは、実際にどのような言葉を選べばいいのでしょうか。

上司と部下、先輩と後輩といったような上下関係における言葉の選び方に、多くの方が悩んだことがあると思います。特に、スピーチロックという観点に立つと、上司や先輩という立場で目下にどう話しかけるかはとても重要です。ともすれば、話し方を間違えるだけでスピーチロックになってしまうからです。

まずは、皆さんが間違えがちな言い回しとその言い換え例をいくつか紹介したいと思います。

部下（後輩）が使うと良い上司（先輩）への言葉

◉×「了解です」↓〇「承知しました」「かしこまりました」

◉×「わかりません」↓〇「〇〇がわかりません」

◉×「たぶん、やれると思います」↓〇「できると思いますが、わからないときは質問させてください」

◉×「これも自分がやるんですか？」↓〇「この仕事も私の担当でしょうか？」

◉×「指示されたってわかるわけないでしょ！」↓〇「具体的に指示をお願いします」

◉×「そんなこと聞いてないですよ！」↓〇「把握できていません」

◉×「緊張してうまく言えません」↓〇「皆さんに伝わる言い方ができないかもしれません」

上司（先輩）が使うと良い部下（後輩）への言葉

●×「いいからやるな！」↓○「できると思うけど、まずは見てからにしよう」

●×「電話くらい出ろよ！」↓○「至急のこともあるので、電話に出てください。」

●×「早くして、遅いんだから」↓○「○時に荷物を取りに来るので、それまでに間に合うようにやっておいてください」

●×「この資料をコピーしておいて！」↓○「この資料、○時に○部必要だから、私の机に○時までに置いておいてくれる？」

●×「思ったよりできるじゃん」↓○「できると思っていました」

●×「もう少しまともな人間かと思っていたのに」↓○「どうしたらできるのか一緒に考えましょう」

●×「人の話、聞いてる？」↓○「大切なポイントを伝えるので、メモを取ってください」

●×「のんびりしすぎ！」↓○「期限は守ってくださいね」

◉×「そんなこと言うのは10年早いよ」→○「目標が高いことはいいことですが、足下の現実も見ていきましょう」

◉×「そんなことも知らないのか！」→○「知らないことを教えますね」

いかがでしょうか？

スピーチロックになりうる言葉をふだんから無意識に使ってしまっている人は、ぜひこれらを参考に言い換えるようにしてください。

脱スピーチロックに求められる「情報編集能力」

言葉の言い換えには、ものすごいパワーがあります。ふだん何気なく使っている言葉を適切に言い換えていくだけで、あなたのまわりの人々の反応は確実に変わっていきます。

言い換え能力、置き換え能力のことを、**「情報編集能力」**と言います。

情報と聞くと、多くの方は、情報をインプットして理解し、それを適切に分類整理する「情報処理能力」のことを思い浮かべるかもしれません。確かに、情報処理能力も高いに越したことはありません。膨大な情報から、それらに優先順位を付けて処理できるからです。

ただし、一次情報をそのまま伝えてもわかりにくい場合、加工したり、他の情報と組み合わせたりして、なるべくわかりやすく**「編集」**する必要があるのです。

放送局の社員が、番組制作をするために専門家にインタビューをしたときの話を例に説明します。

その専門家にさまざまなお話を伺っていく過程で、難しく、わかりにくい専門用語が出てきたり、思った以上に話が拡がったり、あるいは話が脱線することがあります。

そこで、制作スタッフは、「要る情報」と「要らない情報」に分け、そのまま伝えてしまうとわかりにくい場合には、その専門家が本当に伝えたいことを、誰にでもわかる別の言葉に「言い換え」をして、なるべくわかりやすく伝えるように編集をします。

「……ということは、〇〇ぐらいの大きさになりますね」

「……ということは、○○という言葉にも言い換えられますね」

このように、**「情報処理能力」と「情報編集能力」は別の能力**なのです。

そして、現代を生きていく上で、私たちが本当に必要としているのは、他者に伝えるために言葉を選んだり、言い換えたり、要点をまとめたりする「情報編集能力」です。

先ほど紹介した上司（先輩）と部下（後輩）との関係性における言い換え例も、情報編集能力を用いている例です。**自分が直感的に言おうとしている内容（一次情報）を、いったん自分で加工・編集して部下（後輩）に伝える**――。それが、先ほどの言い換え例の本質です。

入社して2年、3年と経験を積んできた若手や、中途採用で入ってきた社員などに、「もう彼らはできるから、一次情報をそのまま渡しても大丈夫」と思っても、相手によっては、まったく理解できなかったという場合もあります。

どのような相手であれ、「相手の立場に立って、情報を編集して渡す」ことを意識するようにしてください。

言いたいことがソフトに伝わる「クッション言葉」

次ページの図のように、「クッション言葉」を使うのも有効です。

クッション言葉とは、**あなたが言いたい内容の前につけることで、あとに続く内容を和らげる効果のある言葉**のことです。相手にソフトな印象を与え、人に依頼したり、お断りしたりするとき、相手に行動を促したいときなどに、かなり効果的です。

ただし、言葉だけでなく、**声や顔の表情や態度にも配慮が必要**です。言葉と顔の表情が噛み合っていない場合、そのクッション言葉は印象を和らげるどころか、むしろ「慇懃無礼《いんぎんぶれい》」ととられて、逆効果になることもあります。

クッション言葉については、常に使えるまで、日頃から使う習慣を身につけてください。これらの言葉を使うと使わないとでは、相手に与える印象が変わりますので、ぜひマスターしてください。

クッション言葉の種類と使い方

種類	使い方
恐れ入りますが	恐れ入りますが、こちらにお越しいただけますか?
お手数ですが	お手数ですが、こちらにお書きいただけますか?
あいにくですが	あいにくですが、本日、課長はお休みをいただいております。
よろしければ	よろしければ他の製品をご紹介いたしましょうか?
お差し支えなければ	お差し支えなければ、こちらにご記入いただけますか?
ご迷惑をおかけしますが	ご迷惑をおかけしますが、よろしくお願いいたします。

職場に潜む「スピーチロック」を回避する

職場はスピーチロックだらけ

私たちが無意識に発している言葉の多くが、他人の行動にネガティブな影響を与えてしまっているか、いかにたやすくスピーチロックとなってしまうか、よくおわかりいただけたのではないでしょうか。

しかし、スピーチロックになりうる言葉がどのようなものかを理解したとしても、それだけでは、コミュニケーションは改善できません。

使ってはいけないスピーチロックを知った上で、その代わりにどの言葉を使い、どのような態度や表現で臨めばいいのかを知らなければ、あなたのコミュニケーションの質が向上することはありません。

ここでは、職場の人間関係についてもう少し見ていきます。職場におけるスピーチロックの事例をいくつか挙げてみましょう。

スピーチロックを脱スピーチロックにする言い換え例

①「早く仕事をやって！」

すでに、「早くして」は代表格として出てきましたが、この言葉は部下に対して強いプレッシャーを与えることがあります。「早く」という言葉は、具体的な期限を示さず、ただ急かすだけになり、逆に焦りやストレスを生む要因となります。


【言い換え例】

「期限を守ることはできそうですか？　進捗状況を教えてください」

②「あなたにはできないから、私がやります」

「(事情があって)あなたができない」のではなく、「あなたは(能力がなくて)できない」に聞き取れます。能力を否定するもので、逆に自己評価を下げてしまうことになります。これによって相手は自信を失い、自ら進んで取り組む姿勢を控えるようになることがあります。

【言い換え例】

「あなたの努力はよく理解できます。私にもお手伝いさせてもらえませんか?」

③「何度も言わせないで」

繰り返し同じことをされると、ついつい相手に対するイライラが出てしまうものです。しかし、この言葉を使われた相手は、自分は期待に応えられていないと感じ、次第に自己の表現を控えるようになります。

【言い換え例】

「同じことを繰り返し、お話しさせてください」「以前もお伝えしましたが……」「わかるまでお伝えしますね」

④「どうしてそんなことをするの？」

相手の行動に対する疑念を持つ言葉です。このように非難されるような言葉を使われると、相手は心を閉ざしてしまうことがあります。

【言い換え例】

「何か考えがあってやったことですね。お聞きしてもいいですか？」

⑤「これをやるべきだ！」「すべきだ！」「こうでなければいけない！」

「べき」という言葉は、相手を拘束してしまいます。自分の考えや判断が正しいと主張するような命令口調は、上下関係問わず、一緒に働く人に対して改めることを望みます。

【言い換え例】

「これをしてくださいませんか？」「やり方はこうなのでそのとおりにお願いします」

⑥「結果が出なければ、評価は下がる」

営業職は、業績に向き合う場面も多く、うまくいかないときには、大きなストレスを受けます。結果、プレッシャーからミスを犯すリスクが高まり、スピーチロックの一因となりますので、このようにさらにプレッシャーを与えるような言葉はやめましょう。

【言い換え例】

「結果を出すために、今できる行動を考えましょう」

⑦「この方法は間違っている」

相手が提案した方法を否定するものです。具体的な改善策を示さずに否定しているので、部下は自分のアイデアや意見を出すことをためらうようになります。

【言い換え例】

「この方法以外にも、違う視点から考え方を見直してみよう」

⑧「みんなができているのに、どうしてあなたはできないの？」

このような比較の仕方は、特定の相手に対してプレッシャーを与え、モチベーションを下げる要因となります。この言葉を繰り返し聞かされた部下は、自分を責め、行動を控えるようになるかもしれません。

【言い換え例】

「あなたはよくがんばっています。今一度、できること、できないことの整理をしてみましょう」

⑨「その話は今はやめておこう」

場の空気を読んでいるような言葉に思われますが、部下の意見やアイデアを軽視するもので、相手の発言を制止しています。特に、重要な問題があったり、アイデアを求めていたりした場合、このような言葉は職場のコミュニケーションを阻害します。

【言い換え例】
「ご意見をありがとうございます。時間に限りもあるので、また改めてお聞きします」

⑩「やりたくなければやらなくてもいいよ」

相手にやらせたいのか、やらなくてもなんとかなるのか、言われた人はどうしたらいいのかわかりません。

【言い換え例】
「ぜひ、自信を持ってやってください」

保護者として知っておきたい「スピーチロック」子育て編

親子のラポール形成に効果的な言葉「ほめ言葉」

子育てというシチュエーションにおいても、保護者が子どもに「言ってはいけない言葉」が存在しています。

本来、**子育てに大切なのは、まず親と子が良い関係を築くこと**です。

子どもは親と一緒にいると安心できますし、子どもは親が大好きです。親は子どもを愛おしく思い、安全で安心な場を提供する、それを実現するには、心の交流が頻繁に行なわれ、良い関係を築けていることが理想です。このような状態が築けていることを臨床心理学では**「ラポール形成」**と呼び、この状態では子どもの自己肯定感も高まります。

子育ては、**「ほめる」**ことからです。「ほめ言葉」はタイミングが大切です。「ほめ言葉」は子どもがなぜ、ほめられたのかわかる必要があるからです。その行動の直後、できるだけすぐに**「ほめ言葉」**をかけてください。

「ほめ言葉」を使いたい3つのタイミング

「ほめ言葉」を使うにも、効果が期待できるタイミングが存在します。そのタイミングは次の３つです。

①できたことをほめる……できた行動の直後に、その行動を定着させる。
②がんばっている過程をほめる……実際にできなくても、モチベーションを上げる。
③存在をほめる……承認欲求を認めて親子関係を築く。

とはいえ、子どもをほめることが苦手な親もいるようで、「自分がほめられたことがないからできません」という方からもよくご相談をいただきます。

また、幼少期の子どもの慣れない子育てで、ついつい見受けられるのが「スピーチロック」まではいかないけれど、「スピーチロック予備軍」となっている言葉です。

ほめて育てることはとてもいいことですが、感嘆の言葉だけでなく、もう少し言葉を足していくように心がけてください。また、声かけではなく、口出しになってしまう場面も見受けられますので、チェックしてみてください。

あなたはどんなほめ言葉を言っていますか？

ほめるのが苦手な人の特徴と改善法

ほめるのが苦手という人に共通して言えるのが、「スピーチロック」の言葉を使っていることです。ほめるのが苦手な人の特徴は次のとおりです。

ほめ方のパターン

おせっかい型 （制限・抑制） 子どもの自主性、 創造性を失なわないように 問いかける	見比べ型 （比較） 競争心が煽られ落ち着きが なくなる子どもの成長を 意識して声かけする	ほめほめ型 （言葉不足） 感覚だけで判断する 可能性があるので 考える力を養うようにする
こっちにしたら？	○○ちゃんのほうが 上手だね	すごーい！
こっちの色を使ったら いいわよ	お兄ちゃんと 比べると…	やったね！
ママがやって あげるね	○○ちゃんに 勝たないと！	天才！
ちょっとかしてみて	前のほうが 良かったのに！	さすが！
こうしたらダメに なるわよ	みんなより 遅れてるよ	いいじゃ～ん
そうかしら、 違うんじゃないの？	誰がこのなかで 一番できるの？	もっとやって！
もっといい方法が あるわよ	ママの小さい ときはね…	頭いい！
もしダメだったら？	早くしないと みんな待っているよ	かっこいい！
失敗したら どうするの？	まだまだ！ 追いつかないと	イェーイ！
あとはまかせて！	どうして○○ちゃん だけなの？	やっぱりパパ・ ママの子

あなたはどんなほめ言葉を言っていますか？

①子どもを責める言葉を使う。
②ほめ言葉のあとにそれを台なしにする余分な言葉を加える。
③他人と比較をする。
④一つできると、次の課題やチャレンジを与える。
⑤ほめるタイミングを逃して気づかない。

ほめるのが苦手な人は、日々の生活において、子どもを見ているようで見ておらず、見逃してしまい、あとから言おうと思っても忘れてしまいます。それぞれの特徴と改善例をみていきましょう。

①子どもを責める言葉を使う

責めるつもりはなくとも、子どもにはこうなってほしいという願いや期待が強いため、親の思いどおりにならないと、「いつも失敗する」「やっぱりダメね」などの子どもを責める言葉を使ってしまいます。すると、子どもは自己否定的になり、新しいことにチャレンジしようとする意欲が失せます。

笑顔でぎゅっと抱きしめて、「がんばったね」「大丈夫」「できるようになるよ」などの言葉を添えるだけで大きく変わります。

また、「いい加減にしなさい！」「なぜできないの？」などの言葉も使いがちです。「いい加減」はほどよい加減ではないでしょうから、このようなあいまいな言葉を使われた子どもにしたら、打ち切りの言葉になるでしょう。自信を失い、また言われたくないので、同じ行動を取ることをためらうようになります。何がいい加減なのか、なので、何が良くないのか、できるようになる言葉を具体的に示してください。

【悪い例】

◉ **「いい加減にしなさい！」**

◉ **「なぜできないの？」**

【良い例】

◉ **「そろそろやめようね」**

行動を止めるタイミングを穏やかに示す。違う行動に移すように促すことで、自然と今の行動を終わらせる方向に導く。

◉**「どうしたらできるか一緒に考えよう」**

子どもに考えさせることで、自己管理を促す。

◉**「そろそろ他のことをしてみようか」**

別の選択肢を示しながら、次のステップへ進むように促す。

②ほめ言葉のあとに、それを台なしにする余分な言葉を加える

がんばりをほめたあとに「でも」を使うと、「せっかくの努力が否定された」と子どもは思うでしょう。努力の過程を評価するようにしてください。

【悪い例】

◉**「嫌いなニンジンを食べてえらかったね。でも、ピーマンは食べないのね」**

◉**「いつになったらオモチャを片付けるの！」**

◉**「オモチャ片付けた？　今度は言わなくても片付けてね」**

【良い例】

◉「えらい、えらい！　ニンジン食べたの」

一動作一行動で1つだけほめる

◉「オモチャをお家に返してあげたのね。えらかったね！」

オモチャをモノではなく一緒に遊ぶものにすると、大切に扱うようになる。

③他人と比較をする

比較がプレッシャーになるのは、子どもも同じです。比較を避け、子どもの個性やペースを尊重します。前向きに子どもを励ますことで子どもの成長につながります。

【悪い例】

◉「お兄ちゃんはできるのに、○○ちゃんはなぜできないの？」

【良い例】

◉「あなたならできるよ。少しずつがんばってみよう！」

◉「今はまだ難しいかもしれないけど、練習すればできるよ」

④1つできると、次の課題やチャレンジを与える

子どもには「当たり前」という基準はわかりません。1つずつ順番に、具体的な事前の声かけをしてみましょう。

【悪い例】

◉「○○ができたら、次はこれに挑戦しようね」

◉「できて当たり前！　まだまだやることはあるよ」

【良い例】

◉「○○ができてすごいね！　がんばるあなたは何でもできるよ」

◉「一つひとつできることが増えて、すごくママはうれしい！」

⑤ほめるタイミングを逃して気づかない

1つの行動で2つ以上ほめる工夫をしてください。

ほめるタイミングを逃すことが続くと、子どもは自分に興味を示してくれず、気持ちが置き去りになる場合もあります。

問題行動へ対応する場合は、言い換えの言葉を繰り返し伝え、代替の行動を示し、誘導しましょう。対応を誤るとエスカレートしますから、肯定的にそのまま受け止めてもらえるように伝えることが大切です。

また、注意をすると、逆効果になることもあります。子どもの癇癪《かんしゃく》を鎮めるには、その子に寄り添い呼吸を合わせて、「1、2、3」とカウントダウンをしたり、頭を撫でて、抱きしめ、背中をトントンとやさしくたたいたりします。

このように、親が子どもにかける言葉は、その子どもの成長に影響を与え、未来を変えてしまうほどの力があると自覚してください。

保育園であった「スピーチロック」事例

大人が子どもにかけた言葉が、その子の心に傷を与え、自己肯定感や、心の成長に永続的に悪影響を与えることもあります。大人が子育てにおいて子どもに使ってはいけない言葉遣いを紹介しましょう。

これは保育園で実際にあった「スピーチロック」の事例です。

◉他責し脅す言い方

「いい子にしていないと鬼が来るよ」

「言うこと聞かないと、おやつあげないよ」

◉不安感をあおる言い方

「(保育園で迎えに来るのが遅い子どもに対して)お母さん来ないね。捨てられてかわいそう」

◉子どもの成長を阻害する言い方
「そんな悪い子はご飯あげないよ」
「お母さんに言いつけるからね」

これらの事例は、子どもがスピーチロックによって心理的な影響を受けたり、行動が制限されたりする可能性を示しています。

子どもに「スピーチロック」の言葉を使わないための10のポイント

子どもに対するスピーチロックを防止するためには、親や教育者が注意深く言葉を選び、子どもが自分の意見や感情を自由に表現できる環境を整えることが大切です。

次に挙げる10のポイントを意識し、改善しましょう。

①ポジティブな言葉を使う

子どもが何かをしたときには、ポジティブな言葉でほめることが大切です。「よくがんばったね！」「あなたの意見はすばらしいね！」など、子どもが自信を持てるような言葉をかけてあげましょう。

②具体的な指示を与える

子どもに指示を出す際は、具体的に何をすべきかを明確に伝えましょう。例えば、「片付けをする」と言うだけでなく、「おもちゃを棚のお家に戻して、絵本は本棚のお家に返してあげよう」と具体的に指示することで、子どもは迷わず行動できます。

③自由な表現を奨励する

子どもが自分の意見や感情を自由に表現できるように、オープンな質問をしましょう。「今日は楽しかった？」ではなく、「今日はどうだった？」「何が一番楽しかった？」と、問いかけを細分化して、丁寧に子どもの気持ちを聞き、話せる場をつくりましょう。

④耳を傾ける

子どもが話しているときは、しっかりと耳を傾けてください。話を途中で遮らないようにして、子どもが何を伝えたいのかを理解するようにしましょう。うなずきや笑顔から、子どもは聞こうとする姿勢が芽生え、安心感を与えます。

⑤非言語の表現方法を使う

表情やボディランゲージは大切です。優しい表情や肯定的なボディランゲージを用いることで、子どもが話しやすい雰囲気をつくることができます。

⑥「ダメ」と言わない工夫をする

何でも「ダメ」と言うのは避けてください。代わりに「こうしたらどうかな？」「別の方法を考えてみよう」などの提案をすることで、子どもに否定的な感情を持たせない工夫が大切です。

⑦失敗を許容し、寛容の心を持つ

子どもが失敗したときは、叱るのではなく、「次はどうしたらいいかな？」と考えるきっかけを与えてください。「また失敗するよ」などの言葉は、子どもには脅しにもとれます。ありのままを受け入れ寛容の気持ちで接してください。

⑧感情を表す言葉が言えるようにサポートをする

子どもが自分の感情を認知し理解できるように言葉を手助けしてあげてください、「楽しかったのね」や「うれしいんだね！」「助かったね」など、ポジティブな感情を言葉で表現するための練習を促しましょう。

⑨共感の言葉を伝える

子どもが話したことに共感し、子どもの感情や言葉を返してください。子どもは自分の意見や感情が大切にされていると感じます。「それは悲しかったね」「うれしいわ、その気持ち」といった言葉をかけてあげることで表現力が豊かになります。

スピーチロックにあたる言葉とその言い換え例
（医療・介護福祉系）

	スピーチロックにあたる言葉	言い換え例
スピーチロック	動いちゃダメ！ 動かないで！	一緒に行くので、あと○分待っていただけますか？ 肩を貸しますので、一緒に動きましょう
	やめて！ ダメでしょ	どうされましたか？
	危ない！ 危険！	（理由）なので危ない！ 危険!ケガをするかも… ひとりでは危ないですよ。あとで一緒にやりましょう
	早くして	ゆっくりで大丈夫ですよ
	ちょっと待って	今、○○をしているので、あと○分待ってもらえますか？ ○○頃にまた伺いますね ○分後にまた来ますね
	○○はしないでください	次から○○を○○にしてください
	立たないで！ 座って！	立つと転ぶかもしれませんので座っていただけますか？
	座っていてください	～どこへ行きたいですか？
	まだ寝ていてください	○時頃、起こしにうかがいますね
	家には帰れないよ	帰れるようになったらお伝えしますね おうちに帰れたら私も嬉しいです
	なんでこんなことしたんですか	なにかあったんですね
	食べないとダメ（病気）になるよ	もう少し食べてみませんか？ ＡとＢ、どっちが食べたいですか？
	こんなこともできないの？	どうすれば、できそうですか？
	同じこと何度も言わせないで！	わかるまでお伝えしますね お困りの点を教えてくださいね

⑩お約束やルールをわかりやすく伝える

家庭や学校でのルールを子どもに説明し、どのように行動すればいいかを理解させます。約束やルールの大切さや意義を伝えたり、話し合ったりすることで、子どもは自分の行動を納得できるようになります。

これらのポイントを意識して声がけすることで、子どもは自信を持って自分の意見を表現できるようになり、スピーチロックを防ぐことができます。

惜しみない愛情で子育てをされている方々にお伝えしたいのは、相手を思いやる言葉を使うように心がけると、子どもの可能性を拡げるということです。子どもの成長を促すための言葉かけをしてみてください。

第5章

「非言語表現」を最大限活用する

言語表現と非言語表現の割合

これまで、どのようにすればスピーチロックを防止でき、それによってあなたのコミュニケーションの質をどのように高めることができるかについてお話しをしてきました。

相手の行動を言葉によって抑制し、心理的にも制限を加えるスピーチロックを防止するとともに、真の原因であるヒューマンエラーの存在も意識してほしいと思います。

しかし、**私たちがふだん使っている言葉を言い換えるだけで、本当にスピーチロックの防止になるでしょうか。**

確かに、言葉の言い換えは有効です。ただ、相手によってさまざまな状況が想定されますから、言語だけでは限界があるのもまた事実です。

実は、私たちは、言語による表現だけでなく、さまざまな非言語的表現を用いてコミュニケーションを取っています。

では、**コミュニケーションにおける言語表現と非言語表現の比率**、つまり、私たちのコミュニケーションの何%が言語表現で、何%が非言語表現なのかを皆さんはご存じですか?

1971年、アルバート・メラビアンというアメリカの心理学者が**「7-38-55ルール」**、または**「3Vの法則」**と呼ばれる法則を発表しました。

それによると、私たちがコミュニケーションを取る際に受け取る情報を100とすると、相手から発せられる言語表現からの「言語情報」は7%、声の大きさ、口調、トーン、スピードなどの「聴覚情報」は38%、身振り手振りなどのジェスチャー、視線、表情などの「視覚情報」は55%を占めているというのです。

また、パフォーマンス心理学の佐藤綾子博士が測定した、日本版「好意の総計」によると、言語(verbal)7%、声などの周辺言語(vocal)38%、顔の表情(facial)55%となっています。佐藤綾子氏は「人間関係づくりにおける非言語的パフォーマンス研究」の先駆者で、私も直接指導を受けました。そして、二者間の対話場面を基にワンウェイミラーを使って研究した結果をまとめたのが次ページの図です。

これによると、私たちのコミュニケーションは言語表現が30%、それ以外の非言語

「パフォーマンスの構成要素」
言語表現と非言語表現の割合

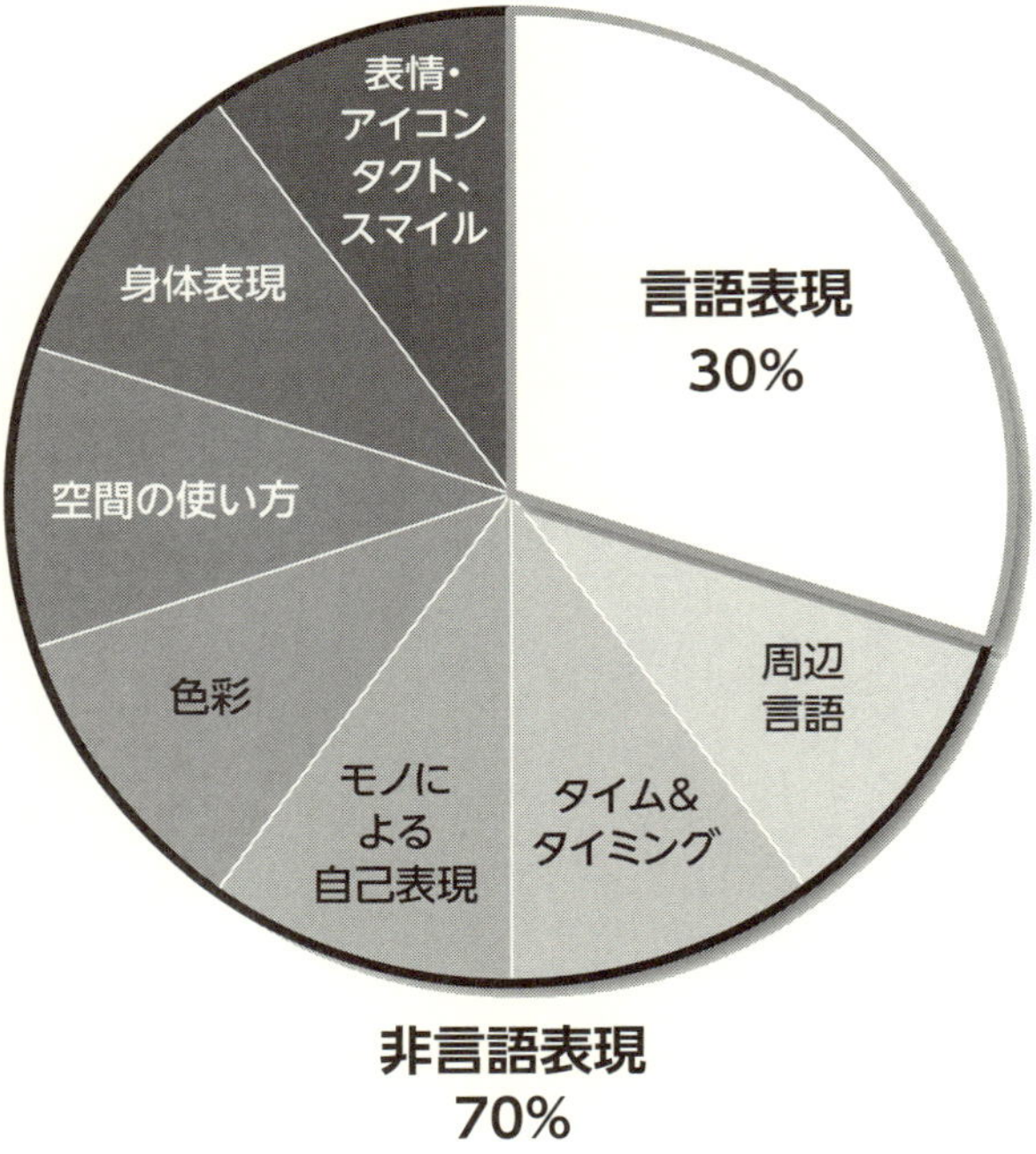

表現が70%を占めているそうです。話に感情を与える「非言語表現」を活用することで、コミュニケーションはさらに円滑になります。

非言語表現は7分類

佐藤綾子氏のまとめたパフォーマンスの構成要素によると、言語表現以外に、7つの非言語表現があります。

①周辺言語
②表情・アイコンタクト・スマイル
③身体表現
④空間の使い方
⑤色彩
⑥モノによる自己表現
⑦タイム&タイミング

これらの7つの構成要素がコミュニケーション全体の70%を占めていると考えられているわけです。一つひとつ見ていきましょう。

【非言語表現1】周辺言語——「声の高低」「話の間」など

周辺言語とは、話し手から聞き手に伝わる情報のうち、言語以外による要素の1つで、英語では「paralanguage（パラ・ランゲージ）」と呼ばれます。特に、**「声の高低」**や**「話の間」**に関する非言語表現を指します。

声を大きくしたり、小さくしたりすることで、相手との関係性に影響を与えることができ、**自分でコントロールすることができます。**

また、**声の大小、高低、強弱、速度、句読点の間**から、話し手の「健康状態」や「感情」を読み取ることができます。

例えば、早口でまくしたてたり、マシンガンのように一方的に言ったりすると、相手に心理的な制限をかける言葉は、さらに強い負荷をかけるものになります。

逆に、**声の速度をゆっくり穏やかな声にする**ことで、自身の感情も落ち着いて、我に返ることができるので、スピーチロックの解放に活かせます。

意識的に、声をコントロールすることで、相手に伝えたい情報を効果的に伝えることも可能になるわけです。**相手をほめるときは大きな声**でほめ、**相手を叱る、注意するときは小さな声**にすることが望ましいでしょう。

もう少し、音声的「周辺言語」を見ていきます。

◉声の高低

まずは「声の高低」についてです。

声の高低は、相手の年齢、性別、緊張状態など、数多くの情報を含んでいます。そして、私たちは、相手の聴覚に合わせて自分の声のトーンを変えることもできます。**声を低く**すると、落ち着いた印象を与えることができますし、高齢者が聞き取りやすくなるというメリットもあります。

また、若い女性の甲高い声や赤ちゃんの泣き声などを「高音すぎる」と感じる人もいますので、声が高い場合はワントーン下げてみるといいでしょう。

一方、**高い声**のほうが、聞き取りやすく、注意が喚起されやすいこともあるため、電話やマイクなどの場合はワントーン声を上げると相手が聞きやすくなります。

◉声の強弱（抑揚）

次は「声の強弱（抑揚）」についてです。声には強弱があり、ある単語を強く発音したり、あるいは弱く発音したりすることで、ニュアンスや意味を付け加えることができます。

例えば、緊急性が高い状況では、強い抑揚で話すと、効果的になる場合があります。毅然《きぜん》とした態度を相手に伝えたい場合には、強い抑揚で話すと効果的ですが、場合によっては感情が先走っているという印象を与えてしまうこともあります。さらに、**声が大きく、感情が入りすぎると、相手からはスピーチロックともとられる**可能性があります。

強い口調は、元気ではきはきしていて、自信があり、積極性があると感じさせますが、口調が強すぎると、相手に威圧感や緊張感を与え、意見を押しつけているように受け取られてしまうことがあります。

逆に**弱々しい口調**の場合、相手を思いやる優しさを伝えたり、一歩引いた感じの奥ゆかしさや相手への配慮を伝えたりすることができますが、弱すぎてしまうと、そもそも相手に声が届かずに、弱々しく頼りなく思えたり、消極的な印象を与えることがあります。

昨今、リモートワークの影響でZoomを使ってオンライン通話をする人が増えています。そういったアプリを使って通話すると、マイクを使うのでどうしても声が歪んでしまいます。そうすると、ものすごく太い声に聞こえたり、雑音混じりになって濁って聞こえたりしてしまうため、本来の自分の声とは違った印象を与えてしまうこともあります。そのため、あえて優しげな声で話すように意識するといった工夫が必要です。

◉話の速度（スピード）

では「話の速度（スピード）」についてはどうでしょう。

話には速度があり、速く話す人、遅く話す人、それぞれが人に与える印象は異なります。

基本的に、**速く話す**と、相手に一方的な印象を与えます。また、相手は聞き取りにくくなり、話し手が緊張しているように感じます。放送局では、コマーシャルのCM原稿の文字数が20秒で１００文字と定められていますが、これはあくまでもプロとしての技量を持ったアナウンサーが読むからです。アナウンサーだからこの分量でも聞き取りやすいのであって、普通の人がこのスピードで話すと、聞き取りにくくなってしまいます。

そのため、対話の場合は、1分間で２６７文字がよいという調査データがあります。話をする対象によっては20秒で60～80文字程度が聞き取りやすいレベルになります。そして、その言語表現に、あいづちや頷きなどの非言語の要素を付け加えると、さらにわかりやすく伝わります。相手の理解度や自分の滑舌に合わせた速度で話すようにしてください。

では、**ゆっくり話せばいいか**といえば、そういうわけではありません。ゆっくり話すと、相手は理解しやすくなりますが、あまりに遅くしすぎると、文脈の前後がわからなくなりますので、相手にとって受け入れやすい方法を心がけてください。

ちなみに本書の前半で触れたＤＪポリスには、ゆっくりと群衆に語りかけてもらいました。これは、相手に言葉が理解しやすいようにという配慮です。

◉間（ゾーン）

次は「間（ゾーン）」についてです。

「間」とは、書き言葉における句読点、話し言葉における無音状態のことです。間を置くことには、さまざまな効果があります。

間を置くことで、話題の転換を相手に知らせるシグナルになったり、段落に無音の間をつくることで、話をわかりやすくしたりすることができます。

また、**相手に考えることを促したい**場合も間を置くと効果的ですし、間を置いたあとに**あなたが話す言葉は自然と強調**されます。さらに、**間を置きながら話すことで、相手の気持ちを落ち着かせ、理解を促進**することができます。

あいづちの種類

	反応状態	あいづちの言葉
1	同意	はい、ああ、ええ、そう、そうですね・なるほど、そのとおりですね、よかったですね
2	促進	それは、それから、その次は、ということは
3	共感	良かったです、うれしいです。おもしろいですね、大変ですね、難しいですね、ツラいですね
4	驚き	へえ、すごーい、わあ、ほんと?、本当ですか?
5	感嘆	すごーい、えー?、すばらしい!
6	転換	ところで、さて、では、話は変わりますが

話す内容より影響力がある

以上が、周辺言語の中でもスピーチロックを防止する要素になります。しかし、**これらの要素を間違えて使ってしまうと、それがスピーチロックにつながってしまう**こともあるかもしれませんので注意しましょう。

例えば、大きな声、強い口調で部下に指示を出したとしましょう。その部下は、指示内容が妥当なものであっても、威圧感を感じてしまうかもしれません。

また、説明をいつもよりも速い口調で手早く済ませてしまうと、聞き手はあなたが「自分に興味を持ってくれていない」「尊重してくれていない」と感じる可能性もあります。

コミュニケーションは、言語表現が約30%、非言語表現が約70%を占めているわけですから、**あなたが伝えている言葉の内容よりも、あなたの伝え方（非言語表現）が相手に及ぼす影響のほうが大きくなります。**

自分がどんな内容を伝えているかだけでなく、どんな伝わり方をしているかについても注意を払うようにしてください。内容としては問題のない言葉や内容であっても、伝え方次第ではスピーチロックとして機能してしまうことがあるからです。

【非言語表現2】表情・アイコンタクト・スマイル

表情とアイコンタクトも非言語表現の中では重要な要素です。

非言語表現の1つである顔の表情を効果的に使えば、言葉や文字では伝えられない、または上手に伝わらない内容を伝えることができるからです。

世の中には、全身の筋肉トレーニングをする人は多くいますが、顔を動かす表情のトレーニングをする人はかなり少ないのが現状です。

しかし、私たちが社会生活を送る上で、「身体の筋肉」と「表情筋」のどちらが、私たちのコミュニケーションの質により大きな影響を与えているかを考えてみてください。

表情を鍛えるトレーニングをしておくほうが、**私たちのコミュニケーションの質ははるかに上がります**し、ひいては**私たちの生活そのものを良い方向へ変えてくれる力**

を持っています。

マスクをしたまま話すと、これだけ損をする

さて、表情とアイコンタクトは、実にさまざまな要素から成り立っています。

例えば、視線の動きには、まばたき、視線の合わせ方とそらせ方、注視・凝視する方向と時間、瞳孔の拡張などがあり、それらが複雑に組み合わされることによって、その人の視線の動きを形成しています。

そして、表情そのものにも同様に、多くの要素が含まれています。**眼の動き、眉の動き、口の形、口角の角度、笑ったときに見える歯の本数**などなどです。

私たちの表情は、**「眼輪筋」「頬骨筋」「口輪筋」**といった表情筋が微妙に伸張したり収縮したりすることでつくられています。そのため、マスクをしてしまうと、口元の表情をつくる頬骨筋と口輪筋のほとんどが隠れてしまい、自分の表情が相手に伝わらなくなってしまいます。マスクをしながら人と話をすることは、非言語表現の一部

である表情を相手に見せることなく、コミュニケーションをしていることになります。

その状態では、**あなたの真意がちゃんと伝わらない**かもしれませんし、結果的には**自分の思いを伝え切れなかったことで「損」をしてしまう**かもしれません。

さらに、自分が損をするだけならまだしも、**あなたが自分の表情を隠したことが、相手へのスピーチロック**となってしまい、それが元で何らかのミスや事故が起きたとしたら、どうでしょうか。そういうことは、あながち起きないとは言えないのです。

コロナ禍におけるマスク装着という習慣は、私たちの非言語表現に大きな制約を課してしまっていたことがよくわかると思います。

ですので、コロナ禍が終わった今、マスクをする必要がないときは、しないほうがコミュニケーションの質が高まるだけでなく、スピーチロックの防止にもなるということを覚えておいてください。

非言語表現で
最強の表情筋「眼輪筋」

先ほど挙げた表情をつくる3つの筋肉のうち、私が最も重視しているのが**「眼輪筋」**です。眼輪筋とは、眼のまわりにある輪っか状の筋肉で、この筋肉を動かすことによって眼を閉じたり開けたり、涙を溜めたりといったことが可能になります。

この眼輪筋を動かすことで、私たちは次のようなことができるようになります。

①意図的に笑顔をつくることができるようになる。

②まぶたを上部に引き上げることで眼が見開くようになり、自分の意志の強さや相手に伝えたいことを眼で伝えることができるようになる（いわゆる「眼でモノを言う」ことができる）。

③眼輪筋の動きに「まばたき」を加え、ゆっくりと眼を1回閉じることで、相手に「あなたの話を聞いていますよ」というメッセージを伝えることができる（場合によってはあいづち以上の効果がある）。

「目は口ほどにモノを言う」「眼力が強い」という言葉があるように、眼のまわりにある眼輪筋は、私たちのコミュニケーションにさまざまな影響を与えています。

まわりの状況によっては、こちらの言葉が相手に届かない場合、言葉を発することが禁じられていることがあります。そういった状況では、言葉以外の非言語表現を使って意思を伝えるしかありません。そんなときに、大いに役立ってくれるのが眼輪筋の動きです。

もちろん、言葉が相手に届いているときにも、眼輪筋の動きは無意識下で相手にさまざまな影響を与えています。

眼輪筋は、上部の眉頭を①、眉山を③、眉尻を⑤として引き上げるように意識すると、「目は口ほどにモノを言う」という状態になり、相手にこちらの強い意志を伝えられるようになります。

「まばたき」の意外なる影響力

眼輪筋を使って行なう「まばたき」も、コミュニケーションに影響を与えています。

私たちは無意識のうちに、まばたきを1日に約1〜2万回もしているそうです。

そして、無意識に行なっているまばたきを、**ここぞというタイミングでゆっくり行**

非言語表現：顔の表情

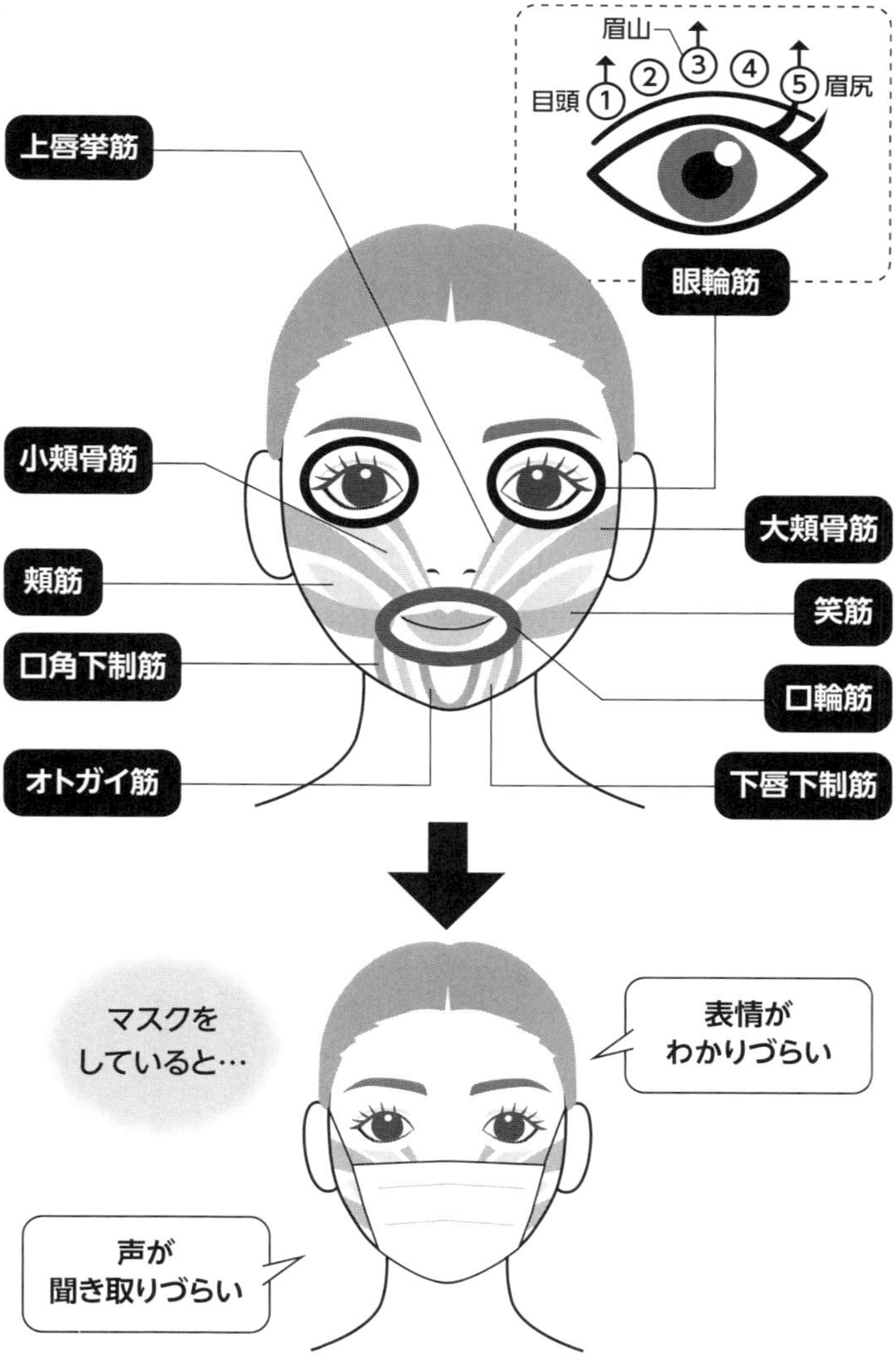

眉山
目頭
①
②
③
④
⑤
眉尻
眼輪筋
上唇挙筋
小頬骨筋
大頬骨筋
頬筋
笑筋
口角下制筋
口輪筋
オトガイ筋
下唇下制筋
マスクをしていると…
表情がわかりづらい
声が聞き取りづらい

なうと、それだけで相手にあいづちを打っているのと同じような効果をつくり出すこともできます。どうしても声を出すことができない状況では、まばたきを1回ゆっくりしてみてください。

また、私たちが緊張したり、不安を抱えたりしているときには、まばたきが多くなります。私たちは、**まばたきの多さで、その人がどのような状態にいるのかを読み取ることができる**わけです。

なお、コミュニケーションでは、相手と自分の呼吸を合わせる「ペーシング」というテクニックが有効だとされていますが、相手の呼吸のリズムを知ろうとして相手の胸を見入るのは失礼です。そこで、胸を見るのではなく、**まばたきの回数を相手に合わせてみる**ようにしてみましょう。そうすることで、**ペーシングとほとんど同じ効果**が得られますし、相手の気持ちを読み取るヒントになります。

コミュニケーションの質も、人生の質も変える「笑顔」のつくり方

そして、コミュニケーションにおける表情の使い方を学ぶ上で避けては通れないのが「笑顔」です。コミュニケーションの場に笑顔があるのとないのでは、あなたの印象は180度変わってしまいます。

印象が変わるということは、笑顔には、あなたのコミュニケーションの質、そして人生の質までをも変えてしまうほどの力があることを意味しています。

笑顔を上手につくるには、トレーニングが必要です。よく、割り箸を口にくわえて口輪筋を使って口角を上げるトレーニングが推奨されることがありますが、私はおすすめしていません。なぜなら、口を横に開くため、音で言えば「イ」の音を出すことになり、「イヒヒ」笑いになってしまうからです。

自然に笑顔と笑いが湧き出るようにするためには、次のようなトレーニングをおすすめしています。

【自然に笑顔と笑いが湧き出るトレーニング】

①大頬骨筋を引き上げる。

②頬骨の一番高いところを意識して、頬筋を上下に動かす（頬筋が硬くなっている人、

鼻腔に鼻水が溜まっている人、鼻が詰まっている人は動かしにくいはず)。

③眼輪筋の上部を引き上げる。

こうすることで、自然な笑顔をつくることができます。**頬骨を上に持ち上げ、眼輪筋を上に引き上げることを意識してトレーニング**してみてください。

顔の表情は3種類

ところで、私たちの顔の表情には、3つの種類があることをご存じでしょうか。

1つ目は**「感情表出媒体としての顔」**です。これは、**「観られる顔」**とも言います。眼を中心とした表情による対人関係の形成を行なう顔であり、他者へ印象を伝えるための媒体として機能しています。この顔は、心との密接度が高く、「心と顔がつながっている」ように見えます。

2つ目は**「自分の感情表出媒体としての顔」**です。これは、**「見せる顔」**とも言います。この見せる顔には、人によって次のような違いがあります。

【見せる顔の違い】

①感受性そのものが鈍いために感情表出が乏しい人。
②感受性そのものはあっても演技性に乏しい人。
③両方とも鈍い人。
④両方とも優れている人。
⑤感受性も演技性も共に豊かだが、集団主義社会ではあまり感情を顔に出さないほうが人間関係はうまくいくため、意識的に出さない人。

3つ目は**「顔の表情の演技性」**です。これは、**「目的を持った顔」**とも言います。日常のパフォーマンス（仕事や人間関係）において、顔は「人に見せるもの」です。さらに、見せる顔を意識的につくろうとする「演技性」の意識が表面から内心へと移行し、意識の中に自然に定着していくことになります。

内心には存在するが、顔という表面に表現されない感情や意思は、ある意味では

「ない」のと同じです。**言おうと思ったり、やろうと思っていたりしても、表現しなければ相手には伝わりません**。それは、ただ言わなかった、行動しなかっただけなのです。相手に伝えたいことは表情に出しましょう。

相手に見えるように可視化し、わかるように容易化し、言語表現と非言語表現の両方を駆使して表現するようにしましょう。

【非言語表現3】身体表現

ジェスチャーをはじめとする身体表現も、重要な意味を持つ非言語表現です。ジェスチャーには、大きく次の4種類があります。

【ジェスチャーの種類】

◉指・手・腕・身体の動かし方
◉腕組み
◉姿勢（向き、傾き、立ち方）

◉首の頷き・傾げ方

こうした身体動作、ジェスチャーには、私たちの想像以上に人に何かを伝える力があります。**特に災害時には、ジェスチャーを意図的に使ってください。**

例えば、地震などの災害が起きた場合、騒然としているため、大声で何かを伝えようとしてもなかなか声は届きませんし、聞こえないものです。

また、火事の際には、煙は上に上っていくため、下に伏せなければいけません。しかし、そのことを人に伝えようとして「伏せろ！　伏せろ！」と言っても、パニックになっている人にはすぐに伝わらないことがあります。そういう場合は、**「伏せ」**のジェスチャーをすることで、スムーズに伝わりやすくなるのです。

【非言語表現4】空間の使い方

空間の使い方とは、端的に言えば**「人との距離」の取り方**です。

私たちは、初対面の人とは距離を取りながら接しますが、親近感を持つにつれて距離を次第に縮めていきます。このように、**心の距離と物理的な距離は、ある程度相関関係にあります**。家族や恋人ならば座る位置は近くなりますし、他人ならば遠くなるわけです。

身体接触学によれば、医療現場で関係構築が必要な際には、その距離がさらに近くなることがあります。実際に相手に触れることで、患者さんに安心感を与えることができるからです。

また、親子関係においては、皆さんもご存じかと思いますが、**親が子どもを抱きしめる（抱擁）ことは、言語によるコミュニケーション以上のもの（愛情や思いやりなど）を伝える**ことができます。ですので、特に子どもが小さいときにはできるだけ抱きしめてあげることが重要です。

職場でのコミュニケーションにおいて、スピーチロックを防止するには、「親しき仲にも礼儀あり」というように、**初対面の人には一定の距離を取りましょう**。しかし、もしあなたがいつまでもよそよそしい態度を取って距離を置いて話していたら、相手はどう思うでしょうか。つまり、**近しい相手ならば、近い距離で目を見て話すことを心がける必要があります**。そうすると、相手にも言葉以上のメッセージが伝わります。

相手の心理にどんな影響を与えるかについてよく考えると、自然と言葉も選ぶようになり、スピーチロックからも解放されるでしょう。

【非言語表現5】色彩

色の違い、色の与える印象も非言語表現の1つです。

わかりやすい例は、**信号機**です。青は進め、赤は止まれというのは、色彩による非言語表現の最たるものです。

保育園や幼稚園でも、この色の効果を利用して、危ない箇所には立ち入り禁止のメッセージを赤色で書き、「頭をぶつけてしまう」などの頭上注意のメッセージは黄色で書いています。また、カーテンには、安心感を与える青色やクリーム色などを選ぶことが多いようです。

【非言語表現6】モノによる自己表現

続いて、「モノによる自己表現」があります。これは、**服装、装身具、持ち物**などというモ**ノからあなたの印象が非言語的に伝わっている**ということです。

例えば、もし、あなたがロレックスの金時計を腕に巻いて、上等なスーツを着込んでいる場合と、ノーブランドの安いデジタル時計を腕に巻いて、全身ファストファッションを身につけている場合とでは、**見た目からの印象操作**で、相手に与える印象は大きく異なります。服装の違い、持ち物の違いが、相手に共感や親近感を喚起させることもあれば、その逆もあるということです。

そして、もちろん、場合によっては、**モノによる自己表現がスピーチロックにまで発展してしまうこともあります。**

極端な例を挙げると、白衣を着ている人から、「薬を飲みなさい」と言われたら、それが仮にお医者さんでなくても、間違った情報だったとしても、私たちは信じてしまいます。これと似たようなことが、モノによる自己表現で起きている可能性があるわけです。

このように、持ち物と色彩といった、自分の外部にあるものであっても、あなたのコミュニケーションに間接的かつ無意識的に影響を与えているのです。

【非言語表現7】タイム&タイミング

最後は非言語表現におけるタイム&タイミングについてです。**スピーチロックは、タイム（時間帯）とタイミング（時機）によっても生じる**ことがあります。

例えば、ある調査によれば、**介護施設では明け方の4〜5時の1時間が最もスピーチロックが生まれやすい**そうです。

これは、なぜかというと、その時間帯が最も従業員が少なく、そのときにナースコールで呼ばれたりすると、忙しさのあまりパニックになったり、昼夜逆転の業務により態度がぞんざいになって、言ってはいけない言葉をつい使ってしまうことが多くなるからだそうです。

このように、スピーチロックと時間は大いに関係があります。元気はつらつな時間

非言語表現の分類

NO	非言語表現の構成要素	手段	具体例
1	周辺言語（準言語）	①声の大・小	声を大きさ、小ささを相手によってコントロールできる
		②声の高・低	相手の聴覚に合わせて声のトーンを下げる、電話やマイクなどの場合は湾トーン上げると聞きやすい
		③声の強・弱（抑揚）	緊急性が高い場合は、強い口調で話すと効果的であるが、そうでない場合は相手の感情が先立って誤解を生むことがある 弱すぎる▶ 相手に聞こえない場合もあり、消極的で頼りない感じを持たれる 弱　　い▶ 相手を思いやるやさしさ、一歩引いた感じの配慮を感じる 強　　い▶ 自信を感じる、元気でハキハキ、積極性を感じる 強すぎる▶ 相手を威圧したり、緊張感を与えたり、押し付けるように感じる
		④話の速度（スピード）	早口で聞き取れないことがあり、相手の理解度にあわせた速度にする
			20秒CMは100文字ですが、対話の場合は60～80文字程度にしてあいづちやうなずきも入れる
		⑤間（ゾーン）	書き言葉では句読点があるが、話し言葉の場合は読点（、）、句点（。）は無音になる
			行替えや段落をとる場合は「間」を空けると、それに続く語彙が強調される
2	表情。アイコンタクト、スマイル	視線	視線の動き（まばたき、視線の合わせ方、そらせ方、注視・凝視する方向と時間、瞳孔の拡張）
		表情	顔の表情（眼の動き、眉の動き、口の形）
3	身体表現	身体動作	指・手・腕・身体の動かし方（腕組み）、姿勢（向き、傾き、立ち方）、首のうなずき方、かしげ方、足の動き・開き方
4	空間の使い方	空間・距離	相手との距離、座席に座る位置、パーソナルスペース
5	タイム&タイミング	時間、機会	時間に対する概念、時間行動
6	モノによる自己表現	外観、モノ	服装、装身具、持ち物
7	色彩	色使い	色の違い、色が与える印象・効果

帯と、夕方の疲れ切った時間帯では、私たちの発言には違いが出てきます。

また、時間帯だけでなく、タイミングも大事です。**うれしいことがあったあとと悲しいことがあったあとなどでは、私たちの心理状態は大きく異なります。**相手に何かネガティブな内容を伝えるとき、タイミングを間違えてしまうと、その言葉がとても深く相手の心に突き刺さってしまうこともあります。

タイミングをちょっと間違えてしまうだけで、あなたの言葉がスピーチロックになってしまうことがあるのです。上司の機嫌が悪いとき、部下が落ち込んでいるときなど、その言葉を言うのに「今がふさわしいタイミングか？」ということをよく考えましょう。

非言語によるメッセージを感じる力を育む方法

いかがでしたか？

私たちのコミュニケーションは、言語表現よりもこの章で紹介した非言語表現のほうが多くの割合を占めています。つまり、言語表現だけを磨いたとしても、非言語表現を疎《おろそ》かにしてしまっていたら、あなたのコミュニケーションの質が下がるだけではなく、スピーチロックを生み出してしまう可能性も高くなるのです。

言葉による伝達のみならず、非言語的な表現に気づき、五感をフルに使ってメッセージを伝え、また、相手のメッセージを「感じる」ことが大切です。

そのためには、非言語的なメッセージを感じる力を育んでおかなければいけません。

非言語的なメッセージを感じる力を育む方法は2つあります。

1つ目は、**心に余裕を持つ**ことです。相手の話している言語にばかり注目せず、いつもと違う表情や態度を取っていないかどうか、注意を払ってください。

人間は、やらねばならないことに追われていると、心に余裕がなくなってきます。そして、自分の心に余裕がなくなっていくと、相手の表情の変化や視線の動かし方など、ささいな非言語表現に気づきにくくなっていきます。まずは、自分の心に余裕を持ち、相手へ注意を払うように心がけましょう。

2つ目は、**感性を育む**ことです。相手の心理的な変化を察し、それに理解を示すためには、五感が鍛えられていなければいけません。視覚、聴覚、味覚、嗅覚、触覚から得られるすべての情報に心を開き、そこから何がしかを読み取れるように意識しましょう。

誰かとコミュニケーションを取っているときは相手の話だけでなく、五感から得られる情報に注意を向けてみてください。それを続けていくと、あなたが想像している以上に相手は豊富な情報を持っており、それを伝えたいと思っていることに気づくでしょう。同時に、あなた自身も非言語表現によって、自分という人間をどのように相手に伝えればいいのかを学ぶことができます。

スピーチロックを防止し、あなたのコミュニケーションの質を高め、ひいてはあなたとあなたのまわりの人々のＱＯＬを上げるため、言語表現だけでなく非言語表現にも注意を向けてみてください。

参考文献

『自分をどう表現するか　パフォーマンス学入門』佐藤綾子・著、講談社現代新書、1995年
『非言語表現の威力　パフォーマンス学実践講義』佐藤綾子・著、講談社現代新書、2014年
『そのミス9割がヒューマンエラー』大野晴己・著、カナリアコミュニケーションズ、2021年
『品質リスクの見える化による未然防止の進め方』今里健一郎・著、日科技連、2017年
『PT・OTのためのこれで安心コミュニケーション実践ガイド 第2版』山口美和・著、医学書院、2016年

【著者プロフィール】

大野晴己（おおの・はるみ）

株式会社はあもにい代表取締役。採用育成サポート協議会理事長。豊橋創造大学客員教授。
静岡大学大学院工学研究科修了（MOT 技術経営）。パフォーマンス心理士。SBS 静岡放送退社後、1991 年創業。2000 年から愛知県岡崎市コミュニティ FM 局の開局準備から株主 / 取締役を 16 年間兼任。開局時に「放送禁止用語」を策定したことから警察署の雑踏警備「DJ ポリス」の研修を行なう。その際、スピーチロックを用いたことから全国から虐待防止研修の依頼が拡がった。官公庁、企業等でヒューマンエラー、クレーム防止など年間 500 回の教育実績、のべ受講者 12 万人に上る。学生の就職支援から採用支援システムの開発、人事評価策定まで一貫したコンサルティングを行なっている。著書に『そのミス 9 割がヒューマンエラー』（カナリアコミュニケーションズ）がある。

気持ちよく人が動く伝え方

2025 年 2 月 5 日　　初版発行

著　者　大野晴己
発行者　太田　宏
発行所　フォレスト出版株式会社
〒 162-0824 東京都新宿区揚場町 2-18　白宝ビル 7F
電話　03 - 5229 - 5750（営業）
03 - 5229 - 5757（編集）
URL　http://www.forestpub.co.jp

印刷・製本　萩原印刷株式会社

ISBN978-4-86680-315-9　Printed in Japan

気持ちよく人が動く伝え方

読者の方に無料
特別プレゼント

貴重な未公開原稿

（PDF ファイル）

著者・大野晴己さんより

紙面の都合上、どうしても掲載できなかった未公開原稿を、読者特典としてご用意しました。相手との関係を良好にするコミュニケーションのノウハウです。本書の読者限定の貴重なコンテンツです。ぜひダウンロードして本書と併せてご活用ください。

特別プレゼントはこちらから無料ダウンロードできます↓

http://frstp.jp/djpolice

※特別プレゼントは Web 上で公開するものであり、小冊子・DVD などをお送りするものではありません。

※上記無料プレゼントのご提供は予告なく終了となる場合がございます。あらかじめご了承ください。